Gerhard Marcel Martin

BUDDHISMUS **KRASS**

Botschaften
der japanischen Hijiri-
Mönche

Gerhard Marcel
Martin

BUDDHISMUS
KRASS

Botschaften der japanischen Hijiri-Mönche

Diederichs

**Für Eryo Minoura und Ryogi Okochi
mit Dank im Dialog**

FSC Mix
Produktgruppe aus vorbildlich bewirtschafteten
Wäldern und anderen kontrollierten Herkünften
www.fsc.org Zert.-Nr. SGS-COC-001940
© 1996 Forest Stewardship Council

Verlagsgruppe Random House FSC-DEU-0100
Das FSC-zertifizierte Papier *Munken Premium* für dieses Buch
liefert Arctic Paper Munkedals AB, Schweden.

Umschlaggestaltung: Weiss/Zembsch/Partner, Werkstatt/München
unter Verwendung eines Motivs von Issui Yamamoto
Druck und Bindung: GGP Media GmbH, Pößneck
Printed in Germany
ISBN 978-3-424-35026-5

www.diederichs-verlag.de

Inhalt

Auf den ersten Blick: Kurzbestimmung von sechs zentralen Namen und Begriffen 11

Einführung 12

Zum Buddhismus des Reinen Landes 13
Zum Text 17
Zum akademischen Kontext 19
Wie Quelle und Kommentar gelesen werden können 21
Dank 24

1 Religionspraktische Weichenstellung 25
2 Hören als Passion 26
3 Herr Fischer, Herr Fischer … 29
4 Störungen haben keinen Vorrang 30
5 Gewinn 32
6 Zitterpartien ohne Ende 33
7 Zielfixiert 34
8 Das Hassen lassen 36
9 Mut zum Nichtsein 37
10 Die Lehre leeren 38
11 Der Einzelne 41
12 Wer ist ein guter Lehrer? 43
13 Üb’ das sieben Jahre 45
14 Gegenwart 47

15 Nicht mitspielen 48
16 Freifahrscheine für Langschläfer?............. 50
17 Vom Glück, ein Taugenichts zu sein........... 51
18 Man kann sich nicht nicht einrichten 52
19 Abstand.................................... 54
20 Früh übt sich 55
21 Fassung in Narrheit.......................... 57
22 Ungetan 58
23 Kein Rückzug................................ 59
24 Implizite Ethik.............................. 60
25 Vor dem Anfang aufhören..................... 61
26 Maßloser Glaube / maßvolle Praxis 62
27 Qualität, nicht Quantität 64
28 Auf den Punkt gebracht...................... 64
29 Essmanieren................................ 66
30 Reiner Vollzug.............................. 68
31 Können Buddhisten zynisch sein? 69
32 Beten und rauchen 71
33 Das Ziel ist das Ziel.......................... 73
34 Energiebilanz............................... 74
35 Fahrlässig asketisch.......................... 75
36 Wie die Liebe „tickt"......................... 77
37 Lerngrenze................................. 78
38 Buddhistische Aufstellungsarbeit 79
39 81
40 Mausgrau brilliant........................... 82
41 Situativ und wunsch-frei 85
42 Von der Unbeständigkeit..................... 87
43 Nackte Freiheit.............................. 92
44 Zu schön................................... 93

45 Im Papierkleid 95
46 96
47 Der Masseneffekt........................ 96
48 Varianten der Reue 97
49 Ohne Konsequenz........................ 98
50 Klare Prioritäten 101
51 102
52 Geschmacklos 102
53 Kein Platz 104
54 Rechte Hand am rechten Griff........................ 105
55 Sei authentisch........................ 106
56 107
57 SOS 108
58 Schwarz und Weiß 109
59 Schwester Tod 110
60 Profil eines Hijiri........................ 113
61 Wer ist monoman? 115
62 Ganz gespannt im Hier und Jetzt 116
63 Zwei Typen von Dämonen........................ 118
64 Fasse dich kurz 120
65 121
66 Imitationslernen 122
67 Immobil 124
68 In Frieden........................ 126
69 Arme Kerle........................ 127
70 129
71 Feng-Shui im Haus des Lebens 129
72 Auf Abstand........................ 131
73 Ich weiß nicht, was soll es bedeuten........................ 132
74 It’s easy 134

75 Vagabundierende Gedanken 135
76 Hausbau im Kopf 137
77 138
78 Lassen 139
79 Vergeblich 140
80 Unter Hirschen 141
81 Endspiel 143
82 Basisregeln für das Basislager 144
83 Wachstum der Nachtpflanzen 145
84 Verdeckt 146
85 Lebensvollzug 147
86 Unauffällig besonders 149
87 150
88 Elefantenfriedhof 151
89 Begrenzte Schrankenlosigkeit 152
90 Die Herzen in die Höhe 154
91 Warum kompliziert, wenn es einfach geht? 155
92 Säkularisierung stufenweise 157
93 Mobilmachung einst und jetzt 159
94 159
95 Checkliste 160
96 Leben auf Millimeterpapier 161
97 163
98 Es gibt ein sichtbares Leben im Unsichtbaren .. 163
99 Tiefe Oberflächlichkeit 164
100 Ohne ohne 166
101 Wenn sich die Flüchtigkeit verflüchtigt 167
102 Von hilfreichen Helfern 168
103 169
104 Sekundärer Analphabetismus 170

105 Herzlich oder exerzierend? 171
106 Zusatzlasten 173
107 Mehr als drei Tage vor dem Tod 174
108 Hijiri-Graffiti 176
109 Auslaufende Zeit 177
110 178
111 Totschlagargument 178
112 179
113 Falsche Frage 180
114 181
115 181
116 Herzbewegung / Lippenarbeit............... 182
117 182
118 Erfüllt und erledigt 183
119 184
120 184
121 185
122 Allein der Name 185
123 Alte neue Sehnsucht 186
124 Leicht und skurril 187
125 189
126 Über das Ziel hinaus?.................... 189
127 190
128 Trans 190
129 Extreme Ausnahme 191
130 192
131 193
132 Ethik – postmortal 193
133 Geschmackskulturen 195
134 Das Heil kommt ins Rollen 196

135 197
136 Schlendrian 198
137 199
138 199
139 Bilanz 200
140 Einsame Compañeros...................... 201

Literaturhinweise.......................... 203

Auf den ersten Blick:

Kurzbestimmung von sechs zentralen Namen und Begriffen

Amida Buddha: der Buddha des unermesslichen Lichts und des unermesslichen Lebens

Dharma: Ordnung / Lebensregel / Grundlehre / Wahrheit

Hingeburt: in das Reine Land gehen und dort hineingeboren werden. *Hingeburt* darf nicht mit Reinkarnation oder Wiedergeburt verwechselt werden. Sie ist das ein für allemal vollzogene Eintreten in den Bereich des „geburt- und todlosen, wahren Landes“ (Okochi / Otte 153).

nembutsu: Aussprechen des Namens von Amida Buddha, seine Anrufung mit der Formel „Namu Amida Butsu“ im Sinne von „Verehrung dem / Zufluchtnahme zu Amida Buddha“.

Reines Land (im Gegensatz zu *Edo*, dem Land der Befleckungen und der Vergänglichkeit): das von Amida Buddha errichtete Land, in dem alle Lebewesen das letzte Erwachen, die Buddhaschaft erlangen werden.

Samsara: der ewige Kreislauf von Geburt und Tod, diese Welt

Einführung

Den Buddhismus gibt es so wenig wie *das* Christentum. Wohl aber gibt es eine fast ungeheure Fülle verschiedener Erscheinungsformen buddhistischer und christlicher Religion, die ihren Ausgangspunkt und ihren Rückbezug im Leben und Wirken des Herrschersohnes Siddharta und des Juden Jesus haben.

Religionen sind nicht statisch, sondern haben bis in die Gegenwart hinein und gerade in ihr eine starke Veränderungsdynamik. Die Globalisierung in allen Bereichen fordert auch die Religionen zu Selbstprofilierungen und zu Fremdbegegnungen heraus, die Abgrenzungs- und Öffnungsprozesse größten Ausmaßes bewirken. So wurde etwa der in die Vereinigten Staaten von Amerika exportierte Zen-Buddhismus in Japan reimportiert und veränderte die Tradition am Herkunftsort. Zum interreligiösen Dialog kommen Projekte und Visionen von einer pluralistischen Theologie der Religionen, von „Transkonfessionalität" und „multipler religiöser Identität" (vgl. Bernhardt / Schmidt-Leukel, Franke / Pye).

„Der" Buddhismus war nie ein monolithischer Block. Von früh an bis heute gibt es Mönchsgemeinschaften und Laienbekenner. Hauslosigkeit, Einsiedelei und Klosterleben stehen nebeneinander und wechseln sich oft jahreszeitlich ab. „Der" Buddhismus konnte und kann Staatsreligion sein und sogar in seiner klösterlichen Verfassung militärische Macht entwickeln und ausüben. Er tritt aber auch gänzlich entpolitisiert und gesellschaftlich neutralisiert in Erscheinung. Immer wieder aber wirkt er als spirituelle Kraft; Rückbezüge zum ursprünglichen Impuls bleiben unübersehbar.

Wo nach der Zukunft der buddhistischen, der christlichen und anderer Religionen gefragt wird, sollten deren Erscheinungsformen für unabsehbar offen gehalten werden. Tradition, wo sie denn geschieht, bewegt sich immer in der Spannung zwischen Treue und Verrat. In der lateinischen Sprache ist der *traditor* der „Überlieferer“ *und* der „Verräter“ – der, der etwas für neue Aufnahme und Verwandlung frei-gibt. Die historische Entwicklung des Buddhismus selbst ist das beste Beispiel für diese Behauptung, die auf den ersten Blick vielleicht reichlich überzogen erscheinen mag.

Zum Buddhismus des Reinen Landes

Am Anfang des Buddhismus stehen – vierhundert oder fünfhundert Jahre vor der christlichen Zeitrechnung – Leben und Lehre des Sohnes eines Regenten oder eines Gouverneurs im Königreich Kosala (im Grenzgebiet zwischen dem heutigen Nordindien und Nepal): Siddharta aus dem Geschlecht der Sakya, daher auch Sākyamuni genannt. Nach drei wohl behüteten und klar geprägten Lebensjahrzehnten bricht er aus und wendet sich einer asketisch weltabgewandten Existenz zu – ein in jener Gesellschaft keineswegs unüblicher Schritt. Er vertraut sich zunächst zwei verschiedenen Lehrern an, sucht dann aber in radikaler Übungspraxis seinen eigenen Weg. Dem Tod bereits nah findet er zurück zu einem „mittleren Weg“. Sechs Jahre nach seinem Aufbruch macht er eine Erfahrung, die ihn zu einem „Erleuchteten“ (Buddha) – oder zu einem „Erwachten“ – werden lässt. Er erinnert sich zahlloser vorhergehender Existenzen, versteht die Gesetze der Wiedergeburt; und sein Geist wird frei von Begehren, Daseinsdrang und Unwissenheit. Er hat die Gewissheit, dass er nie neu geboren werden wird.

Seine Lehre stellt eine klare Diagnose, nennt die Ursache und empfiehlt eine ebenso deutliche Therapie. Die Diagnose lautet: Leben ist unausweichlich leidvoll, unbeständig und befriedigt nicht. Zu diesem „Leiden“ gehören Geburt, Alter, Krankheit und Tod, aber auch Trauer, Jammer, Schmerz, Gram und Verzweiflung. Ursprung des „Leidens“ sind die umfassenden Erscheinungen von persönlichem Begehren, von persönlicher Gier und von Unwissenheit. Bisweilen werden auch noch

Hass und Verblendung genannt. Ein achtspuriger Weg führt zur Erlösung. Zu ihm gehören klare Erkenntnis und klare Verhaltenseinstellungen und ebensolches Handeln, auch im Beruf: Zentrale Punkte sind Güte und Gewaltlosigkeit. Weitere Bereiche des Weges sind das Reden ohne Lüge, Klatsch, Schmähung und Geschwätz, dann aber auch eher mentale Übungen, zu denen umfassende Achtsamkeit und meditative Versenkung gehören.

Erste Schüler wenden sich dem Buddha zu. Bis ins hohe Alter von achtzig Jahren lebt und lehrt er seinen Weg der Befreiung aus den Verstrickungen der Existenz. Aus diesem Anfang entstehen Mönchs- und (kleinere) Nonnengemeinschaften und Gruppierungen von Laienbekennern, zu denen bald schon auch königliche Herrscher gehören, die die Bewegung entsprechend unterstützen. In Ceylon wird der Buddhismus früh Staatsreligion. Von Jahrhundert zu Jahrhundert breitet sich der Buddhismus in Südostasien aus: über China und Korea nach Japan (6. Jahrhundert), später auch nach Tibet und bis in die Mongolei.

Der Grundimpuls verändert sich markant und fundamental, als Buddha selbst immer mehr Subjekt der Verehrung wird und seine geschichtliche Existenz in weiteste Horizonte hinein ausgedehnt wird. Das führt bis hin zu der Vorstellung, dass er einer unter Millionen transzendenter Buddhas, also erleuchteter Wesen ist, die in Buddhaländern leben. Hier liegt einer der Ursprünge des sog. Mahāyāna-Buddhismus, des Buddhismus des „Großen Fahrzeugs“, mit dem auch solche Wesen, die sich nicht eigenständig und aktiv auf den Weg der Erlösung begeben können, zu retten sind. Bodhisattvas (Erleuchtete) kommen dabei zu Hilfe, die selbst alle Welten endgültig verlassen und also gänzlich frei werden könnten, aber anderen auf dem Weg zur Seite stehen.

Wirkungsgeschichtlich besonders prominent ist hier die Tradition von dem Mönch Dharmākara, der in fernster Vergangenheit das Gelübde abgelegt hat, wenn er die Erleuchtung erreicht hat, so lange nicht die Welten zu verlassen, bis nicht alle in dem von ihm aufgerichteten, westlich gelegenen Reinen Land neu geboren worden sind. Dies ist das Land des Buddha Amitābha bzw. des Buddha Amitāyus, d.h. des Buddhas des unermesslichen Lichtglanzes bzw. des unermesslichen Lebens.

Die Ursprünge dieses Buddhismus des „Reinen Landes" reichen weit zurück bis ins erste Jahrhundert. Auch hier geht die Entwicklung über China nach Japan (bereits im 9. Jahrhundert). Aber eine eigene Schulrichtung entsteht erst im 13. Jahrhundert. Wie bei den meisten anderen buddhistischen Gruppierungen geht es dabei nicht um einen radikalen Neuanfang, sondern um eine besondere Profilierung unter Berufung auf bestimmte Quellentexte und Traditionen. So bezieht sich der Jōdo-shū-Buddhismus auf indische, chinesische und japanische „Patriarchen". Die zwei bedeutendsten Gründer des Buddhismus des Reinen Landes, Hōnen Shōnin (1133–1212) und sein Schüler Shinran Shōnin (1173–1263) waren jahrzehntelang Mönche und Priester der Tendai-Sekte, bevor sie sich aus dem klösterlichen Leben lösten und selbst Anhänger fanden. Bald darauf wurden sie verfolgt und in Verbannung geschickt, dann aber wurde ihre Bewegung zu einer eigenen Schulrichtung. Sie stießen auf ungeheuer starke Resonanz gerade bei den einfachen Leuten, die von ihren Lebensbedingungen her – etwa als Gerber, Metzger und Fischer, die Leben töten – ohnehin den Regeln *mönchischen* Lebens nicht folgen konnten. Im Jōdo-shū- und im Jōdo-shin-shū-Buddhismus ist alle Frömmigkeitspraxis radikal zusammengefasst im sog. *„nembutsu"*, d.h. im Aussprechen der sieben Silben: *Namu Amida Butsu*: verehrende Zuwendung dem Buddha Amitābha. Diese Praxis gibt es als Meditationstechnik, auch in ästhetischen Ausdrucksformen von Gesang und Tanz. Neu ist die alleinige Konzentration auf dieses schlichte *nembutsu*-Sagen und auf die eindeutige und einseitige Lehraussage: Es gibt keinerlei ernsthafte Möglichkeit der Selbsterlösung. Alles – selbst noch die Äußerung der sieben Silben – geschieht nicht durch die eigene Kraft *(jiriki)*, sondern durch die fremde, andere Kraft *(tariki)* des Buddha Amida. Mit der eigenen religiösen Praxis lassen sich keine Verdienste für andere oder für sich selbst erwirken, sodass etwa schlechtes Karma getilgt oder Verstorbenen damit geholfen wäre.

Diese Position ist äußerst kritisch gegenüber vielen Spielarten von Religion. Der Reine-Land-Buddhismus ist eine radikale *Gnaden*religion und darin dem Urgestein christlicher Lehre (besonders in paulinischer und lutherischer Ausprägung) vergleichbar. Dies hat selbst der klassischste Vertreter der evangelischen Theologie des vergangenen Jahrhunderts, Karl Barth, unumwunden zugestanden und in seiner zwölfbändigen „Kirchlichen Dogmatik“ diesem Buddhismus früh schon fünf eng gedruckte Seiten gewidmet (Barth 372–377). Umso erstaunlicher ist es, dass diese Lehrrichtung in Deutschland nur selten überhaupt wahrgenommen wird, obwohl sie in Japan jedenfalls mit mehr als fünfunddreißig Prozent die kompakte Mehrheit in den verschiedenen Schulen und Tempelgruppierungen bildet. Religiös Suchende auch auf Seiten von Kirche und Theologie und west-östlicher Vermittler wie D.T. Suzuki waren viel mehr mit Traditionen des Zen-Buddhismus, seiner Lehre und vor allem seiner Übungspraxis beschäftigt. Und als diese Welle abebbte, faszinierten zunehmend die Farbigkeit, das Exotische, das Rituelle und bisweilen das auf den ersten Blick Esoterisch-Magische des tibetischen Buddhismus mit seinen zugänglichen Glücksversprechungen, in den letzten Jahren besonders im hochkarätigen Format des XIV. Dalai Lama. Der Reine-Land-Buddhismus bleibt demgegenüber trotz beeindruckender Architekturen, Lesungen, Gesänge, Predigten und Zeremonien unspektakulär. Ihm fehlt fast alles, was Zen- und tibetischer Buddhismus im westlichen Europa so attraktiv macht und anhaltende Faszination ausstrahlt.

Zum Text

Die hier übersetzte und kommentierte Textsammlung mit dem Titel „Ichigon Hōdan" (was so viel bedeutet wie: „Kurze wohlriechende Reden") stammt aus einer radikalen, um nicht zu sagen „krassen" Erscheinungsform des Jōdo-shū-Buddhismus. Basis dieses Buches ist die englische Übersetzung und Kommentierung von Dennis Hirota. Es geht um Aussprüche von über dreißig Meistern aus der Heian- und Kamakura-Zeit (794–1336), mit Schwerpunkt auf die Zeitspanne von der Mitte des 12. bis zur Mitte des 13. Jahrhunderts. Die Sammlung selbst lässt sich zwischen 1287 und 1333 datieren. Wer der Sammler und Herausgeber ist, bleibt unklar. Das Manuskript, das Hirotas Übersetzung zugrunde gelegen hat, stammt aus dem Jahr 1463 und ist 1648 zum ersten Mal veröffentlicht worden. Die Zählung der Aussprüche findet sich nicht im Text, darum ist und bleibt sie leicht willkürlich (vgl. Hirota, bes. 88–90).

Nach Ichiro Hori lässt sich die Bewegung buddhistischer (Wander)mönche, aus der diese Texte stammen, als Teil einer religiösen Reformation von der Mitte der Heian-Periode an verstehen (794–1192; vgl. Hori, bes. 136, kritisch dazu Kleine). Der in dieser Zeit offizielle, staatlich geförderte und kontrollierte Buddhismus war seinerseits ein machtpolitischer Faktor, verweltlicht und bisweilen selbst paramilitärisch organisiert, um seine Interessen durchzusetzen. Die Macht der Hofaristokratie schwankte. Clans kämpften andauernd und gewalttätig um die Vorherrschaft im Land. Dazu kamen eine ungewöhnliche Anhäufung von Brand- und Umweltkatastrophen, Hungersnöten und Epidemien. Dies ist die Ausgangssituation auch für religiös praktische Umbrüche. Die Zeit wird als Endzeit *(mappō)* verstanden, in der die hohen Standards buddhistischer Lehre und Praxis nicht mehr zu halten sind.

Ich finde die Bewegung buddhistischer (Wander)mönche so interessant, weil ich in ihr ein radikales japanisch mittelalterliches existenziales Verständnis des Jōdo-shū-Buddhismus und seiner *nembutsu*-Praxis sehe. Wobei möglicherweise *auch* noch andere volksreligiöse Traditionen eine wesentliche Rolle spielen. Jedenfalls geht es um eine eindrucksvolle und wirksame Elementarisierung der religiösen Überlieferung in all ihren Aspekten von rituellem und meditativem Verhalten, von Existenzvollzug und religiösem Wissen. Dabei ist die liturgische und alltags-verbundene religiöse Praxis radikal auf das *nembutsu*-Sagen zentriert. Besondere, nicht allen zugängliche Welten, Praktiken magischer oder esoterischer Art sind nicht im Fokus des Interesses. Religiöses Wissen, Theorieentwicklung und Lehrsysteme sind so weit wie möglich ausgeschaltet, oft sogar stark und polemisch abgewertet.

Diese (Wander)mönche sind entweder Laien *(ubasoku)* oder Mönche bzw. Priester niedrigen Ranges, ordiniert oder auch nicht ordiniert. Viele von ihnen kommen aus der Aristokratie oder aus Regierungskreisen. Sie realisieren ihren Glauben zumeist frei und außerhalb klösterlicher Gemeinschaften, in denen sie zuvor oft für längere Zeit gelebt haben. Nur ganz wenige kehren zurück in neue Positionen innerhalb der Tempelhierarchien. Die (Wander)mönche bewegen sich zugleich auch außerhalb einer säkularen, verweltlichten Gesellschaft und leben in relativ freien bruderschaftlichen Kontakten jenseits klerikaler Rangordnungen, allenfalls in loser Verbindung zu Tempeln. Erst später bauen sie bisweilen eigene kleinere Tempelareale inmitten von Waldgebieten, in denen sie als Eremiten ihre Existenz fristen. Ihre zentrale religiöse Praxis ist das Beten des *nembutsu*. Manchmal sind damit auch das Singen und das Tanzen verbunden. Auf diese Weise sind sie volksnah. Auch sprechen sie die Sprache des Volkes. Sie ziehen als „heilige Männer" *(hijiri)* Menschen aus dem ländlichen Bereich an oder gehen selbst zu ihnen. Sie bewegen sich deutlich *nicht* in dem gesellschaftlichen und religiösen Umfeld, in dem sich die anderen wirkmächtigen Schulen des damaligen Buddhismus befinden. In diesem Zusammenhang sind besonders Tendai und Shingon zu nennen, zwei Sekten, die auch eine viel variationsreichere, auch esoterische Lehre und Praxis entfalten.

Nach allem scheue ich mich nicht, das Profil des hier begegnenden Buddhismus „krass“ zu nennen. Bevor das Wort – schon bei Goethe nachweisbar und literaturfähig – in der Studentensprache gebräuchlich wurde, kann man ihm in lateinisch theologischer Begrifflichkeit begegnen. Die Dogmatik sprach von einem *chiliasmus crassus* da, wo das tausendjährige Friedensreich Christi drastisch, sinnlich und schlaraffenlandmäßig üppig vorgestellt wurde. Im Zusammenhang mit dem Leben der Hijiri meint „krass“: elementar, grell, ungeschönt, ausgesetzt. Das Deutsche Wörterbuch von Jakob und Wilhelm Grimm dokumentiert alle hier genannten Verwendungen des Wortes.

Die historischen Herkunftslinien, die in dieser Quelle zu Worte kommen, sind umstritten. Nicht nur, dass hier sehr verschiedene Strömungen buddhistischer Lehre und Praxis zusammenfließen; auch vorbuddhistische japanische (shintoistische und schamanische) sowie taoistische Traditionen mischen sich ein. Dies näher zu erforschen und darzulegen, überschreitet meine Kenntnisse und Kompetenzen. Darum lese ich die Texte literarisch wörtlich und nicht historisch-kritisch. Fachsprachlich ausgedrückt heißt das: Ich lese „synchron“ und „strukturalistisch“ statt „diachron“. Wobei ich mich natürlich historisch und auch religionswissenschaftlich zu orientieren versucht habe und das Notwendigste in mein Konzept einbringe. Ich erkläre ausdrücklich, dass meine Interpretationen wesentlich auf der englischen Übersetzung beruhen, auch wenn durch Fachkontakte Rückfragen zum japanischen Originaltext möglich waren.

Zum akademischen Kontext

Durch Verbindungen zwischen der Philipps-Universität Marburg und der Otani University in Kyoto / Japan bin ich seit mehr als zehn Jahren persönlich und fachlich Priestern und Lehrern des gegenwärtigen Jōdo-shin-shū-Buddhismus begegnet. Otani Daigaku ist die zentrale Forschungs- und Ausbildungsstätte einer der größten buddhistischen Denominationen in Japan: Shinshu Otani-ha mit dem Haupttempel Higashi Honganji in Kyoto. Zentrale Lehrautorität ist Shinran Shōnin. Zu diesen Begegnungen gehörten mehrere Symposien und Fachkonferenzen in Marburg sowie Seminare und öffentliche Vorträge in Kyoto. Zuletzt war ich im Zeitraum von 2006 bis 2008 zu einer Gastprofessur an dieser Universität eingeladen. Aus dieser Zusammenarbeit heraus sind in Japan drei, in Marburg zwei Dokumentationsbände zustande gekommen. (vgl. Barth / Minoura / Pye und Barth / Kadowaki / Minoura / Pye) Meine Vorlesungen und Seminarberichte der letzten Jahre werden in Auswahl an verschiedenen Orten in japanischer, englischer und deutscher Sprache erscheinen.

Dieses Buch aber hat einen anderen Charakter als die anderen Veröffentlichungen. In bestimmter Weise ist es die Ernte, eine Weiterbearbeitung und vielleicht sogar eine Verwandlung meiner bisherigen Begegnungen und Fachdiskussionen – eine Übersetzung auf eine direktere, damit auch riskantere nachwissenschaftliche Ebene. Es soll „spirituelle Gebrauchsliteratur“ sein – aber mit dem Anspruch, auch akademisch nicht „haltlos“ zu sein, sondern wahrgenommen zu werden und Diskussionen anzuregen.

Ein Perspektivwechsel besteht auch darin, dass ich keine Texte von Shinran kommentiere, weil sie in „Ichigon Hōdan“ nicht zu finden sind. Meinen Interpretationen liegt vielmehr eine weniger bestimmte, möglicherweise manchmal fremdartig erscheinende Textsammlung aus dem Jōdo-shū-Buddhismus zugrunde. Aber auch damit und gerade so verlasse ich nicht die Grundabsicht dieser Schulgründung: die grundlegende und in jeder Hinsicht zunächst einmal spröde Tradition des *nembutsu*-Sagens und den Glauben an die unermessliche Barmherzigkeit des Buddha Amida.

Wie Quelle und Kommentar gelesen werden können

Dieses Buch steht den Leserinnen und Lesern in allen Teilen zur freien Lektüre offen. Dabei könnte Verlangsamung angebracht sein. Sich pro Tag nur mit einer oder zwei Aussagen zu beschäftigen, könnte ein guter Lektürerhythmus sein. Olympische Komparative – schneller / weiter / höher – schaden spirituellem Tiefgang. Auch muss keiner und keine der Reihenfolge der Texte und meiner Kommentare folgen, so sehr in ihnen eine interne Ordnung stecken mag. Auch habe ich so zu schreiben versucht, dass alles auch dann mit- und nachvollziehbar bleibt, wenn man keinem der weiteren Hinweise im laufenden Text bzw. im Literaturverzeichnis folgt. Wer aber nähere Auskunft oder Belege für das oft nur in Kürze Gesagte will, soll wissen, wo er fündig werden könnte.

Mir erscheint es wichtig, verschiedene Lektüreformen zu unterscheiden.

- Eines steht fest: Der Versuch, die Quelle 1:1 zu übersetzen, muss scheitern. Dazu ist sie zu fremd und zu fern – in Fernost genauso wie im Westen. Man kann ein Amida-buddhistisches Asketenleben des Mittelalters nicht bruchlos in eine neukapitalistisch konsumistische Lebenswelt überführen.
- Eine Reaktion auf diese ernüchternde Einsicht könnte sein, die Texte rein exotisch und mit der Lust am Skurrilen zu lesen. Das liefe aber bestenfalls auf eine ästhetisierende Distanznahme hinaus. Man hätte ausschließlich mit einer Kuriosität zu tun.
- Eine anderer Weg, der bleibt, könnte die reine historisch religionsgeschichtlich kritische Rekonstruktion oder aber eine durchgehend religionspsychologische Interpretation sein. Dabei ist die Gefahr subjektiver Eintragungen in die Quelle sehr groß, könnte aber kritisch bearbeitet werden.

Die genannten Reaktionen entziehen sich der Aufgabe, einen von seinem Wesen her existenziellen Text existenzial in die Gegenwart hinein zu übersetzen. Verfahren, die nur auf Distanz gehen, sind den Textsorten der Quelle gegenüber, will man sie wirklich gegenwärtig lesen, unangemessen, wiewohl natürlich möglich.

Angemessener scheinen mir folgende Zugänge zu sein:

- Die Quelle kann als ein Dokument eines radikalen Buddhismus entdeckt werden, der auch in der Gegenwart und in der westlichen Welt spirituell von Bedeutung ist. In ihr zeigt sich in wünschenswerter Klarheit, Kargheit und Deutlichkeit vieles, was „den“ Buddhismus gegenwärtig so attraktiv macht: ein nüchterner klarer Blick in die Welt und auf sich selbst – ohne Verbitterung, vielmehr mit der Gewissheit der grenzenlosen Barmherzigkeit des Buddha / eine überschaubare Meditationspraxis / eine Kritik vieler religiös sakramentaler Riten / intellektuelle Redlichkeit und Selbstkritik / Techniken, mit lebenswerten und zerstörerischen Impulsen bei sich und anderen kritisch umzugehen / eine Zivilisationskritik, die sich jedenfalls gegen jeden blinden Konsumismus richtet, bisweilen sogar antikapitalistisch markant ist. All diese Aspekte tauchen in dieser Quelle stark unter der Rahmenthematik „Kunst des Sterben“ und „Lebenskunst“ auf, haben aber auch ihre eigene Gewichtung. Darum erschiene es mir einseitig, alle existenziellen Aussagen nur auf den Übergangsmoment von diesem Leben hin zu der Welt-danach zu beziehen.
- Auf der Basis, die Quelle aktuell buddhistisch zu lesen und in die Gegenwart zu übersetzen, ist dann auch ein interreligiöser Dialog möglich. Dabei ginge es natürlich nicht um eine reine Bestätigung in Richtung Verallgemeinerung oder gar Überbietung. Dann würde ich nur im Fremden entdecken, was auch in meiner eigenen Tradition zu finden ist, oder ich fände einige positive, vor allem aber kritische Anknüpfungspunkte, um meinem Gegenüber nahezulegen, mit seiner

Herkunft zu meiner Position überzuwechseln. Ich meine einen Dialog, in dem es wechselseitige Irritationen, Verfremdungen des Eigenen, Provokationen und auf diesem Wege auch Vertiefungen gibt. Für mich als Dialogpartner kommt es darauf an, in meinem Eigenen Fremdes und Befremdliches, nicht klar und radikal genug Entfaltetes zu entdecken. Auf diese Weise kann meine eigene Tradition neu lebendig, darin auch vertieft und verändert werden. Dass und wie mein Gegenüber mit dem, was er in den Dialog einbringt, ähnliches erfährt, steht nicht in meiner Macht und kann im Dialog nicht mein von vornherein erklärtes Ziel sein.

- Ich praktizierte bisweilen noch einen anderen Lektüreweg, den ich ausdrücklich machen möchte, weil er nicht nur unterläuft, sondern sehr gezielt eingesetzt ist und zu eigenen Aktivitäten anregen könnte. Es geht um freie Assoziationen, die zunächst einmal den Eindruck machen könnten, lediglich in unmittelbarer Zusammenhanglosigkeit zu stehen, die aber, schaut man genauer hin, mit dem Textgewebe sehr wohl etwas zu tun haben: Ich bringe Einfälle aus anderen kulturellen und religiösen oder auch biografisch persönlichen Diskursen ein.
- Kurz erwähnen möchte ich schließlich die Möglichkeit, den Text noch einmal nach innen, auf sich selbst bezogen, weiterzulesen und ihn in dem Sinne wörtlicher zu nehmen, als er sich selber nimmt. Ich folge der Textlogik in sich selbst hinein. Zum Beispiel: Manchmal lassen sich aus shin-buddhistischen Krassheiten zen-buddhistische Pointen entwickeln (vgl. z. B. # 12). Solcher Umgang mit dem Ausgangsmaterial ist wohl gemerkt keineswegs mit dem Anspruch verbunden, den Text dadurch besser zu verstehen, als er sich selbst versteht. Vielmehr besteht die Gefahr, ihn schlechter, dafür aber auch risikoreicher, kritischer und subversiver zu lesen. Bei einem derartigen Vorgehen lässt sich im Textraum eine Bewegung entdecken, die noch nicht ausgeführt, aber möglich ist.

Alle vier genannten Interpretationsbahnen laufen auf verschiedenen, aber wohl parallelen Gleisen und können darum von Aussage zu Aussage gewechselt werden.

Dank

Die Liste der Menschen, denen ich zu danken habe, ist internationaler und länger als bei irgendeinem meiner bisherigen Buchprojekte. Sie muss unkommentiert bleiben und folgt nur der alphabetischen Ordnung:

Toshikazu Arai / Shin Fujieda / Hans-Jürgen Greschat / Dennis Hirota / Takami Inoue / Stephan Jäger / Willigis Jäger / Ken Kadowaki / Martin Kraatz / Eryo Minoura / Ryogi Okochi / Michael Pye / Martin Repp / Martin Scherer / Katja Triplett / Wolfgang Teichert / Shizuteru Ueda / Kolleginnen und Kollegen der Tenri University, Tenri / „meine" Studentinnen und Studenten von Otani Daigaku.

Marburg, im Advent 2009
Gerhard Marcel Martin

1 Religionspraktische Weichenstellung

> Es wird erzählt: Hauptpriester Eshin pilgerte zum Großen Schrein von Ise, um sieben Tage in Abgeschiedenheit zu beten. Während der letzten Nacht öffneten sich im Traum plötzlich die Tore des Heiligen Schreins und eine vornehme Frau trat in einer Aura von Heiligkeit hervor. Sie verkündigte: „Die Göttin dieses Großen Schreins ist in das Zentrum, ins ursprüngliche Erwachen *(hongaku)* zurückgekehrt. Ich bin Verwalterin in ihrer Abwesenheit. Folgende Anweisungen wurden hinterlassen: Falls empfindende Wesen des letzten Zeitalters den wesentlichen Weg zur Befreiung suchen, halte sie dazu an, den Namen von Amida Buddha auszusprechen."

Tore öffnen sich – in der kurzen Erzählung selber, damit aber auch für die Textsammlung als Ganzes und für die Lesenden. Protagonisten, Autoritäten, Hauptakteure höchsten Grades treten auf:

- der Hauptpriester Eshin (= Genshin 942–1017), der erste Vertreter des Reinen-Land-Buddhismus in Japan, nach einer Tempel- und Lehrerkarriere ein Waldmönch mit großer Ausstrahlung,
- die Verwalterin der japanisch-shintoistisch höchsten Göttin, der Sonnengöttin Amaterasu, und mit ihr diese Göttin selbst,
- Amida Buddha.

Hier werden religionsgeschichtlich und religions-praktisch Weichen gestellt. Dabei ist nichts selbstverständlich, jedenfalls nicht für Lesende, die von außen kommen:

Ein renommierter Vertreter des Buddhismus, Eshin, pilgert zu einem Shintoschrein und betet dort sieben Tage. In der letzten Nacht hat er eine Erscheinung und erfährt, dass die Göttin, in deren Haupttempel er gebetet hat, gar nicht präsent, sondern in die letzte und tiefste Wirklichkeit aller Buddhas zurückgekehrt ist. Religionsgeschichtlich heißt das: Selbst die höchste shintoistische Göttin ist „nur" eine Manifestation der letzten Wirklichkeit, wie sie buddhistisch verstanden wird. Als solche muss sie nun aber gerade *nicht* diffamiert, entmachtet, abgeschafft werden. Ihre Tempel werden nicht zerstört, ihre Anhänger nicht verfolgt – auch nicht, nachdem Eshin die Nachricht vernommen hat. Trotzdem scheint die Zu- und Unterordnung keineswegs unwesentlich. Religions-praktisch aber lebten Shinto und Buddhismus die längste Zeit der japanischen Geschichte über nebeneinander, miteinander und sogar ineinander. Lokale *kami* (vergöttlichte Wesen) hatten ihre Schreinareale in buddhistischen Tempelbezirken – und auch anders herum.

Noch heute nennen fast alle Japaner, wenn sie nach ihrer Religionszugehörigkeit gefragt werden, beide Religionen. Ob das vorbildlich und ob das überhaupt auf westliche Verhältnisse übertragbar ist, bleibt fraglich. In den jahrzehntelangen Begegnungen von Zen und Katholizismus, von Jōdo-shin-shū und Protestantismus und auch in unbestimmteren interreligiösen Begegnungen taucht aber die dringende Frage nach multipler religiöser Identität auf und wird schüchtern und anfänglich beantwortet.

2 Hören als Passion

Der ehrwürdige Shunjō war in der abschließenden Nacht einer wochenlangen Klausur, die er zu vollziehen gelobt hatte, im inneren Heiligtum des Berges Kōya. Als die Tiefe der Nacht hereingebrochen und alles still geworden war, trat ein einziges klar intoniertes *nembutsu* hervor, das vom Inneren der Kapelle aus dem Samādhi des Stifters kam. Als er das hörte, war er übermannt sowohl von Trauer wie von Freude; und seine Ärmel waren nass vor Tränen.

Eine zweite Eingangsgeschichte, vergleichbar gewichtig wie die erste. Hier liegt ein weiteres Protokoll religiöser Meditationspraxis eines berühmten Mannes an einem bedeutenden Ort und zu einem markanten Zeitpunkt vor. Es ist die letzte Nacht der religiösen Übung, die große Stille und dann ...

Der Berg Kōya ist Zentrum des Shingon-Buddhismus und neben dem Berg Hiean (östlich von Kyoto) ein wichtiges Zentrum der Wandermönche mit der spirituellen Praxis, ausschließlich das *nembutsu* zu beten, bisweilen auch zu singen und zu tanzen: „verehrende Zuwendung dem Buddha Amida". Der Überlieferung nach ist Kūkai (744–835), der den Tempelkomplex auf diesem Berg gegründet hat, nicht wirklich gestorben, sondern existiert in einem Zustand tiefer meditativer Versenkung (Samādhi). Aus dieser Versenkung heraus hilft er empfindenden Wesen dabei, auf dem Erlösungsweg voranzukommen.

Die Geschichte erzählt, dass Shunjō, ein sozial und innerlich-religiös äußerst aktiver Wandermönch (1121–1206), aus dem Innersten des Tempels ein einziges *nembutsu* vernimmt. Damit ist die zentrale Praxis des Reinen-Land-Buddhismus thematisiert und zwar sofort mit der wesentlichen Pointe: Bevor Buddhisten das *Namu Amida Butsu* sprechen, hören sie es. Es ist in der Welt *vor* jeder Gebetsäußerung. Ein Ich stimmt ein. Es stimmt das *nembutsu* nicht an. Es wird erreicht von einem Ur- und Grundklang, der kosmisch / transkosmische Bedeutung hat, besser: der letzte Wirklichkeit ist.

In unserer Textsammlung ist das *nembutsu* ein durchgängiges spirituelles Stichwort. Es wird unter verschiedenen Aspekten öfter in den Blick kommen. Die elementarste Frage am Anfang könnte heißen: Was hören Menschen, wenn sie in die Stille hören? Angemessener wohl noch: Wer oder was bringt sich aus der Stille heraus zu Gehör? Mit dieser Formulierung ist sichergestellt, dass wirklich etwas von außen kommt und dass es beim Hören zunächst einmal nicht um eine Aktivität geht. Hören ist Passion. Eine Schwingung von außen bringt etwas in mir in Schwingungen, versetzt mich in Resonanz.

Diese Spur kann noch einmal in den Text zurückführen: Warum verspürt Shunjō so starke Emotionen, die körperlich ganzheitlich im Weinen zum Ausdruck kommen? Tränen der Trauer! Freudentränen! In unserem Textkörper sind das eher ungewöhnliche Mitteilungen. Er ist sehr karg in Bezug auf Aussagen zu Körperbefindlichkeiten und Emotionen. Tiefere buddhistische Versenkungsstufen sind „leidenschaftslos", führen in einen „leid- und freudefreien Zustand" (Schumacher 104). Hier aber hat die religiöse Wirklichkeitserfahrung noch Anschluss an das alltägliche Gefühls- und Körper(er)leben. In der Trauer wie im Glück gilt: Tränen fließen, wenn *alles* im Fluss ist, wenn nichts aktiv zu tun übrig bleibt oder getan werden kann. Das geschieht bei einer glücklichen Ent-spannung genauso wie angesichts der Macht des Todes. Tränen fließen oft im Unwetter widerstreitender Gefühle wie Ohnmacht und Freiheit, Trauer und Glück. Nach Helmuth Plessner treten sowohl Weinen wie auch Lachen „als unbeherrschte und ungeformte Eruptionen des gleichsam verselbständigten Körpers in Erscheinung. Der Mensch verfällt ihnen, er fällt – ins Lachen, er lässt sich fallen – im Weinen. ... Er antwortet – mit seinem Körper als Körper wie aus der Unmöglichkeit heraus, noch selber eine Antwort finden zu können" (Plessner 234 f.).

Findet Shunjō kurz vor dem Weg zurück in die Alltagswelt in Trauer, Freude und Weinen zurück in seinen Körper und dessen Sprache?

3 Herr Fischer, Herr Fischer ...

> Ren-amidabutsu hatte einen Traum, in dem die Gottheit des Hachiman-Schreins verkündigte: „Das Hineingeborenwerden in das Reine Land hängt nicht davon ab, dass das *nembutsu* wenigstens einmal ausgesprochen wird; es hängt auch nicht davon ab, dass es mehrfach gesagt wird. Es hängt vom Herzen ab."

Gleich zu Beginn wird noch eine weitere weitgehend anerkannte religiöse Autorität zitiert: Hachiman, shintoistische „Gott"heit, Beschützer der Nation und als Bodhisattva verehrt. Er teilt hoheitlich im über- und unterbewussten Medium Traum so etwas wie den zentralen Leitsatz des Reinen-Land-Buddhismus mit. Er handelt vom Heils-ziel (Hineingeboren werden in das Reine Land) und vom Weg dort hin.

Es gibt ein Kinderspiel, das sogar religionsgeschichtliche Hintergründe haben mag: Eine Gruppe von Kindern steht vor einer klar markierten Grenzlinie, ihr gegenüber ein geradezu „göttliches", weil autonomes und freies Kind. Die Gruppe oder einzelne aus der Gruppe rufen: „Herr Fischer, Herr Fischer, wie tief ist das Wasser? Wie kommen wir herüber?" Und der „Bestimmer" auf der anderen Seite kann in aller Freundlichkeit, aber auch mit ruppigen Abweisungen klare Spielregeln, in denen sich Willkür austoben kann, aufstellen: vorwärts / rückwärts / auf dem linken Bein hinkend / einen Meter vor / gar nicht ...

Und jetzt die Parallele: Wenn man Hachiman fragte: „Hachiman, Hachiman, wie kommen wir ins Reine Land?", würde er nicht mitspielen. Jedenfalls nennt er keine Spielregeln, keine rituellen Vorgaben und Reglementierungen. Dabei gab es Jahrhunderte anhaltende Debatten darüber, wie oft das *nembutsu* mindestens zu sprechen sei, ob in einer dramatischen Krisensituation einmal, ob im Normalfall zehnmal oder zehntausendmal genügten. Hachiman aber sagt: Es hängt vom Herzen ab, ob und wie ich hinüber und hinein komme. Jedenfalls gibt es keinerlei abzählbare Regulierungen.

Hier ist religionshistorisch, aber auch kultur- und bewusstseinsgeschichtlich ein klarer Schritt in Richtung Ritualkritik vollzogen. Äußere religiös ästhetische Leistungen auf dem Erlösungsweg zählen nicht. Westler würden diesen Vorgang wohl „Verinnerlichung" nennen. Aber „Herz" darf nicht zu schnell nur in dieser Richtung und erst recht nicht halbwegs romantisch als das Zentrum wesentlich von Stimmungen und Gemütslagen verstanden werden. „Herz" ist hier eher die Mitte aller religiösen und weltlichen Lebensvollzüge. Dabei kommt es auf mehr als Wissen, nämlich auf Einsicht und Weisheit an. Diese Weisheit besteht jedenfalls auch darin, sich und anderen im Denken, Wollen, Fühlen und Handeln nichts mehr vorzumachen.

Geht man buddhistisch einen Schritt weiter, müsste man annehmen, dass Hachiman letztlich nicht von menschlichen Herzen, sondern vom Herzen Buddha Amidas redet. Er ist es, der vom anderen Ufer ruft, ohne jeden Willkürakt, grenzenlos gnädig.

4 Störungen haben keinen Vorrang

Auf seinem Rückweg von einer Pilgerschaft zum Zenkōji-Tempel hatte Hauptpriester Myōhen vom Berg Kōya ein Gespräch mit Hōnen.

Myōhen fragte: „Wie kann ich die Fesseln aufbrechen, mit der die samsarische Existenz an dieses Leben gebunden ist?"

Hōnen antwortet: „Sage einfach das *nembutsu*."

„Das ist sicherlich die Antwort. Aber was soll ich mit den wahnhaften Gedanken und Gefühlen, die meinen Verstand besetzt halten, anstellen?"

„Selbst wenn irreführende Gedanken auftreten, wirst du die Geburt durch die Kraft des ursprünglichen Gelübdes erlangen."

Mit dieser Antwort war Myōhen zufrieden und ging davon.

> Danach murmelte Hōnen vor sich hin: „Der Versuch, das Reine Land durch das Unterdrücken von wahnhaften Gedanken zu erreichen, ist wie die Augen und die Nase, mit denen man geboren ist, wegzuwerfen, um den Namen auszusprechen."

Zwei leitende Repräsentanten der Bewegung der Wandermönche, die in zwei weiter auseinander gelegenen Berggegenden wirken, begegnen sich und führen ein kleines Lehrgespräch, das die Leser mithören sollen. Wenn # 3 die elementare Frage thematisiert: „Wie komme ich ins Reine Land hinüber?", so ist Myōhens (1142–1224) Frage an Hōnen genauso grundsätzlich, aber handwerklicher und dringlicher noch.

Hōnens Antwort – sprich einfach das *nembutsu* – muss in ihrer Sprödigkeit und Klarheit nicht überraschen, auch nicht den Fragenden. Der aber thematisiert die Hindernisse auf dem Weg dieser Praxis: das unauflösbare Knäuel von Gedanken und Gefühlen, die innere Welt unkontrollierbarer Impulse und Assoziationen. Wie könnte man da effektiv das *Namu Amida Butsu* sagen? Müsste man nicht mehr oder weniger gewalttätig alle diese Bande und Knäuele durchhauen?

Myōhen könnte sich bei dieser Problemstellung auf eine der zentralen Regeln der „Themenzentrierten Interaktion" (Ruth Cohn) berufen: „Störungen haben Vorrang." Hōnen aber scheint das für gar keinen erfolgversprechenden Weg zu halten. Er traut weder dem therapeutischen Ansatz noch irgendeiner mehr oder weniger brachialen Gewalt. (Myōhen will ja die Fesseln „aufbrechen".) Der Ohn*macht* des Fragenden setzt er die fraglose und starke Wirk*macht* der unerschütterbaren Zusage des Buddha Amida entgegen.

Und wie auf dem Theater manchmal „bei Seite gesprochen" wird, redet Hōnen mit dem Leser noch weiter, nachdem sein Gesprächspartner schon gegangen ist. Seine Grundsatzerklärung: Es gibt keine effektiven Bearbeitungsprogramme gegen dieses unaufhaltsame Tosen der Programme und gegen Programmstörungen, die den Menschen wohl nicht nur durch den Kopf, sondern durch alle Teile des Körpers schwirren. Aus eigener Kraft, innerhalb eigener religiöser und therapeutischer Logik, kommt man da nicht heraus. Und der Versuch, sie einfach zu unterdrücken, sie beiseitezuschieben, muss scheitern.

Also: Störungen haben *keinen* Vorrang. Und: Alles kann sich grundlegend verändern, wenn man selbst die Illusion durchschaut und aufgegeben hat, zur Befreiung sei ein eigener Beitrag nötig und möglich.

5 Gewinn

> Widme dich einfach dem Sagen des *nembutsu*. Das mag so erscheinen, als ob es nur ein Vergießen von Wasser auf Stein ist, aber äußere es, und es wird ein Gewinn sein.
>
> DHARMA-SIEGEL MYŌZEN

Wirklich einfach so? Vorbewusst? Mechanisch? Selbstmanipulativ? Skepsis gegenüber solchen Vorschlägen bleibt angebracht. Myōzen scheint selbst zu spüren, dass es Widerstand gegen seinen Rat geben könnte. Er spricht den Einwand an, all dies sei ja „nur Vergießen von Wasser auf Stein". Kann man aus dem Gegenargument, aus der kritischen Rückfrage, ein positives Argument machen?

In einer deutschen Redewendung heißt es: „Steter Tropfen höhlt den Stein". Tropft der Tropfen immer weiter, höhlt sich der Stein nicht nur, sondern letztlich löst er sich auf. Wie auch das Wasser nicht unverändert bleibt. Es erhält vom Stein Sedimente. Schließlich ziehen beide zusammen ins Meer. Alles fließt und löst sich auf. Das ist der letzte „Gewinn", von dem Myōzen spricht: der Weg in die große Weite hinein.

Natürlich steht all dies nicht auf der Oberfläche des Textes. Aber der „Gewinn", von dem in ihm die Rede ist, kommt in diesem assoziativen Weiterdenken doch in den Blick. Wer das *nembutsu* sagt, gerät hinein in den Grundton der Welt, kommt in den Schwingungsraum des einen Namens, hat Kontakt mit der letzten Wirklichkeit.

6 Zitterpartien ohne Ende

> Es gibt sicherlich keinen Grund dafür, dass irgendetwas in dieser elenden Welt das Herz erfreuen könnte. Halte einfach die geringfügigen Beschwernisse mit Gleichmut aus. Es ist, als ob man bei stürmischem Wetter in einem Boot ist und erst zum Heck, dann zum Bug umdrehen will.
>
> BISCHOF MYŌHEN

Das ist eine unaufgeregte und undialektische Abrechnung mit der Welt, so wie sie ist: Geburt, Alter, Krankheit, Tod machen und sind Beschwernisse. Sie geben übergenug Anlässe zu Trauer, Jammer, Schmerz, Gram und Verzweiflung. All das ist buddhistische Grundwahrheit, eine ungeschminkte Wirklichkeitswahrnehmung. Religion sollte keine zusätzlichen Illusionen erzeugen, sondern Menschen dabei unterstützen, sich nichts mehr vorzumachen. Myōhen fügt dem eine Ermunterung hinzu: nicht zu stark, nicht panisch, nicht hysterisch, nicht hypochondrisch zu reagieren, sondern mit Gleichmut. Das heißt: Ganz gleich, was geschieht – nimm wahr, schätze die Lage so sachlich wie möglich ein und reagiere dann angemessen, eher unterkühlt. Halte dein psychisches Gleichgewicht, bleib balanciert. Das alles scheint nicht fern von philosophischer Lebensweisheit in Ost und West. Die Stoa und der Prediger Salomo könnten auf ähnliche Ratschläge kommen, vielleicht dass sie mit in den Blick nähmen, was das Herz dann und wann auch erfreut.

Aber ich möchte zurücklenken zum Stichwort: „balanciert". Damit bewegen wir uns in dem Vorstellungsangebot am Schluss des kurzen Textes: das Leben als Bootsfahrt bei stürmischem Wetter. Keine akute Seenot, keine Situation auf Leben und Tod, kein „Schiffbruch mit Zuschauer", um auf die weltuntergangsnahen Metaphernbereiche anzuspielen, die Hans Blumenberg erkundet hat. Keine Titanic. Keine Apokalyptik. „Nur" die alltägliche Plage des Balancerisikos, nur das oft geradezu clowneske Hin und Her, vom Heck zum Bug und zurück. Leben als *Commedia dell'Arte*: Zitterpartien ohne Ende: zwischen Lachen und Weinen, Frieren und Schwitzen. War in # 5 die große Langsamkeit im Fokus, so ist es jetzt das schnelle Reagieren. Samuel Beckett könnte ein ganzes Bühnenstück daraus machen. Vom Heck zum Bug. In aller Hektik immer einen Augenblick zu spät, um das auszugleichen, was der Wellengang ins Ungleichgewicht bringt.

7 Zielfixiert

> Strebe nach der Geburt mit dem tief verwurzelten Geist dessen, der auf ein Ziel hin ausgerichtet ist.
>
> ANONYM

Nahziel / Fernziel / Klassenziel / Lebensziel / Todesziel. Im vorliegenden Text geht es um die Hingeburt ins Reine Land, um den letzten alles entscheidenden Schritt hinaus aus … und hinüber zu …

Die Rede vom „Ziel" kann in bildlicher Rede sehr verschieden besetzt sein. Wo vom Ziel die Rede ist, ist oft Pathos, manchmal aber auch Ironie im Spiel. Entsprechende Worte und Redewendungen sind im Folgenden kursiv gedruckt. In der hebräischen Bibel heißt ein Grundwort für „Sünde“: vorbei treffen, das Ziel verfehlen. *Knapp vorbei ist auch daneben.* Trotzdem und gerade darum: Menschen müssen sich Ziele setzen. Pädagogisch und (verhaltens)therapeutisch gibt es *Lernziele*; und geschäftlich administrativ handelt man auf allen Ebenen *Zielvereinbarungen* aus. Polizeilicher und kriminalistischer wird es bei *Zielfahndung* und bei *Zielfernrohr.* Und bei *Zielkurve* und *Zielgerade* wird es sportlich.

Leichte Ironie bricht das Zwangsverhalten und die Fixierungen, die so oft mit Zielorientierung verbunden sind. Außerdem geht sie gegen die Beschönigung der Tatsache an, dass viele Zielausrichtungen scheitern.

Nach allem kann die eindeutige Anweisung des unbekannten Autors irritieren. Könnte sie nicht zur Erstarrung führen, Wahrnehmungen im ganzen Feld und an den Rändern, die zur Orientierung durchaus auch wichtig sind, ausblenden? Könnte nicht der Endpunkt Selbsthypnose sein? Wie umgehen mit solchen kritischen Rückfragen?

Faktum ist, dass im Buddhismus Zentrierungs- und Achtsamkeitsmeditationen *(vipassanā)* durchgängig angeraten und eingeübt werden. Und in der Tat: In der Geschichte religiöser Übungen ist die Pointe der Zielgerichtetheit immer wieder zu finden. Es kann nicht nur wirkungsvoll, sondern sogar ästhetisch schön sein, klar ausgerichtet zu sein, ein Ziel vor Augen zu haben und zu behalten und konsequent und gut orientiert voranzukommen. Die Übungsfolgen der Exerzitien des Ignatius von Loyola und andere mystagogische Lehrer wollen in komplex ritueller Dramaturgie nichts anderes.

Fakt ist aber auch, dass in der Fortsetzung der Textsammlung noch ganz andere Aspekte in Bezug auf Weg und Umweg, Ziel und Zielfreiheit, fixierendes Festhalten und Loslassen auftauchen werden.

8 Das Hassen lassen

Sehr wahrscheinlich bringst du niemals wirkliches Mitgefühl zustande; aber keinem gegenüber solltest du Hass hegen.

ANONYM

Das ist ein kurzer Satz mit einer radikalen Lebensbilanz, mit Diagnose, Prognose und Handlungsimpuls. Die Diagnose lautet: Die eigenen Möglichkeiten selbstlosen Einsatzes, tiefster Empfindung und konsequenten Handelns sind äußerst beschränkt und werden es lebenslänglich bleiben („niemals"). Das klingt keineswegs ermutigend. Aber muss es darum schon schicksalsergeben, defätistisch sein? Demotiviert und deprimiert ein solcher Bescheid ausschließlich und macht ein positives Selbstbild von vornherein unmöglich? So verstanden, wäre er manchen fundamentalistisch christlichen Selbst- und Fremdentwertungen gar nicht fern. Aber …

… im Vergleich zu westlich religiösen Mustern im Umgang mit der Grunderfahrung „sündiger" Existenz und qualvoller Selbsterniedrigung ist zu beobachten: Der buddhistische Anonymus schüchtert die Leser nicht ein. Er löst keinen Bußkrampf aus. # 8 ist auch und nicht dazu geeignet, Teil eines Sündenbekenntnisses zu werden, dem dann rituell und persönlich eine Absolution, ein Freispruch und die Ermahnung zu folgen hätten, hinfort nicht mehr zu sündigen (vgl. Johannes 8,11). Der Autor bringt nur eine für den menschlichen Stolz unangenehme, für sein angemaßtes Selbstwertgefühl ernüchternde Tatsache ins Gespräch. Er sagt: Selbstloses absolut uneigennütziges umfassendes Mitleid wirst du Zeit deines Lebens nicht zustande bekommen. Selbst nach großen Reueakten und Reinigungsprozessen wird dein Leben nicht irgendwann oder plötzlich in spektakulärer moralischer Großartigkeit und ethischer Eindeutigkeit neu beginnen.

Ein zweites „Aber": # 8 besteht ja aus zwei Halbsätzen. Dem klaren Bescheid folgt nun doch eine nicht weiter begründete Handlungsanweisung. Im Feld menschlicher Grundeinstellungen, die Affekte, Einsicht und Handeln verbinden, schaltet der Text vom Bereich „Mitgefühl“ zum Bereich „Hass“. Irritieren kann, dass das Subjekt, das hier angesprochen ist, nun offenbar doch etwas *tun* kann, dass es einen Handlungsspielraum hat. Aber schaut man genau hin, geht es hier gerade nicht um gute *Taten*, sondern um das *Lassen*. Was ist „Hassen“? Hassen ist die Attacke, das Ausstreichen des Rechts, der Ansprüche und der Würde des anderen. Hass ist Negation und kann vernichtend sein. Der Anonymus fordert dazu auf, diese Negation zu negieren, das *Tun* zu *lassen*. Es gibt die schöne Redewendung: „aus dem Herzen eine Mördergrube machen“. Hier geht es nicht einmal – positiv – darum, aus der Mördergrube ein Herz zu machen, sondern lediglich darum, diese Grube abzudecken.

9 Mut zum Nichtsein

Wenn ich daliege und sterbe, dann rufe nicht aus: „O, die Zeit scheint gekommen zu sein!“ Es ist mein Leben, an dem ich seit der anfanglosen Vergangenheit gewohnheitsmäßig gehangen/festgehalten habe. Ich könnte mich entmutigt fühlen. Ermuntere mich einfach dazu, das *nembutsu* zu sagen.

ANONYM

Die Kunst des Sterbens *(ars moriendi)* ist kultur- und religionsübergreifend ein zentrales Lebens- und Todesthema der Menschheit – und unter Buddhisten auch und besonders darum geradezu unendlich ausholend und einholend, weil nach ihrer Vorstellung ihr Leben in die „anfanglose Vergangenheit“ hineinreicht und im Regelfall endlos so weitergeht: von einer Wiedergeburt zur nächsten. Und das geschieht unabänderlich, leidvoll und gedächtnislos. Der Anonymus nimmt in dem Ausschnitt einer Gesprächssequenz seine Todesstunde vorweg und hat Sorge, sein Begleiter könnte ihn entmutigen, indem er (der Situation durchaus angemessen) sagte, was ist: „Die Zeit scheint gekommen zu sein." Für den buddhistischen Jedermann könnte das heißen: Jetzt ist es soweit, dass alles von vorne losgeht – das Rad der Wiedergeburten, das endlose Gehen und Kommen, die ewige Wiederkunft.

Aber der Namenlose, der Jōdo-shin-shū-Buddhist will in der Todesstunde *er*mutigt, nicht *ent*mutigt werden. Paul Tillich hat in einer existenzialen Übersetzung den christlichen Glauben „Mut zum Sein" genannt. Hier geht es wohl eher um den Mut und die Hoffnung, das Sein endgültig zu verlassen. Dabei soll die Praxis des *nembutsu*, das Sprechen des *Namu Amida Butsu* helfen. Diese sieben Silben sind das zentrale religiöse Mantra, das den Ausstieg und Überstieg begleitet und befördert: heraus aus dem ewigen Zyklus, geradewegs und geradeaus hin zu einer dimensional anderen (Nicht)welt. Tod als der Durchgangspunkt, als die entscheidende Station auf der Hingeburt ins Reine Land. Die höchste Kunst des Sterbens besteht dann darin, dem Leben *und* dem Tod ein Ende zu machen, beider Ende zu ersehnen und zuzulassen.

10 Die Lehre leeren

Nach seinem Tod erschien der Hauptpriester Jien jemandem im Traum und erklärte:
Das Studieren exoterischer und esoterischer Lehren hat keinen Zweck erfüllt. Nur die Kontemplation der Leere und das Sagen des *nembutsu* – Paktiken, die ich von Zeit zu Zeit geübt habe – sind mir für die Welt-danach zugutegekommen.

Immer noch am Anfang der Textsammlung wird eine weitere Autorität bemüht, aus dem spirituellen *off*, aus der Welt-danach. Eine postmortale Stimme ist noch gewichtiger als die eines Lebenden. Ihr Bescheid ist definitiv. Rückfragen sind unmöglich. Jien (1155–1225) stammt aus politischen Herrscherkreisen und ist auch als Wandermönch eine studierte und politisch und tempelhierarchisch einflussreiche Persönlichkeit geblieben. Er spricht aus Lebens- und Studienerfahrungen und erklärt pauschal und rigoros, das Studieren welcher Lehren auch immer habe bei ihm keinen Zweck erfüllt. Wohl gemerkt: Das sagt ein Gelehrter und ein Dichter, kein Freak aus den Wäldern. In seiner Aussage stehen jeder Form des theoretischen Lehrens und Lernens zwei Formen des praktischen Tuns gegenüber. Bei solcher Entgegensetzung spielen alle auch in buddhistischen Schulen oft so wichtigen Unterschiede zwischen Exoterik und Esoterik keine Rolle. Ob ich etwas öffentlich, sodass es alle wissen können (Exoterik) oder als Geheimlehre in einem geschlossenen Zirkel (Esoterik) vermittelt bekomme, ist dann egal.

Esoterik verspricht oft, durch besondere Offenbarungen und durch besondere Menschen vom Wesen des Ganzen das Entscheidende und mehr als die kompakte Mehrheit der anderen zu wissen. Dieses Wissen kann Machtzuwachs geben. Esoterik in Ost und West verspricht Zunahme an der Verfügbarkeit heilender, aber auch zerstörerischer Kräfte. Aber Jien findet im Studieren weder sinnvolles Wissen noch sinnvolle Handlungsmöglichkeiten. Das ist eine Kriegserklärung an alles Akademische, deren Argumente in dem vorliegenden Textabschnitt (noch) gänzlich ungenannt bleiben. Sie folgen in anderen Textabschnitten und werden dann kommentiert. *Hier* geht es ums Grundsätzliche – gleichsam eine Erklärung über einem der Portale, durch das die Welt des Textes betreten wird: Tor Nummer 10.

Wenn Jien sagt, was wirklich zählt, nennt er zwei religiöse Praktiken, von denen die eine, das *nembutsu*, das ganze Textfeld bestimmt, während die Kontemplation der Leere, ein zentraler Punkt im Mahāyāna-Buddhismus, pointiert nur hier genannt wird. Dabei kommt alles darauf an, jetzt nicht in eine Falle zu gehen und die Lehre von der Leere zum Thema zu machen. Unübersehbar geht es Jien nicht um die *Lehre*, sondern um die *Kontemplation* der Leere – mit Schreib- und Sprachwitz: um die Leere der Lehre zugunsten ihrer Erfahrung durch einen keineswegs besonders kognitiven Zugang. Die Leere lässt sich nicht lehren. Gerade anders herum: Die Lehre muss geleert, das heißt, sie muss, wenn überhaupt in diese alles umfassende Größe miteinbezogen werden.

Nun ist es freilich so gut wie unmöglich, ohne erneute Missverständnisse über das zu reden und zu schreiben, was gerade nicht im üblichen Sinn existiert – aber gerade so zwischen allen Ritzen der Menschenwelt und den Welten überhaupt und mitten in, mit und unter ihnen steckt. Die „Zauberformel" des im Mahāyāna-Buddhismus zentralen Herz-Sutras, die natürlich keine Zauberformel ist, heißt: „Form ist Leere, und Leere ist Form." Schumacher übersetzt: „Körper ist Leerheit. Leerheit ist Körper" (Schumacher 185).

Aussagen über die Leerheit sind weitestgehend negativ und können gar nicht anders in Erscheinung treten. Aber selbst das ist noch missverständlich genug. Die Einsicht in die Leerheit ist unabdingbar verbunden mit dem Eingeständnis der Unbeständigkeit aller persönlichen Bestandteile des Existierens (Schumacher 172) und darum auch mit der Negation einer ewigen Seele in den Wesen und allen Dingen. Diese Perspektive mag erschrecken. In jedem Fall ent-täuscht sie Stabilitäts- und Kontinuitätserwartungen. Im Buddhismus aber ist sie gerade die Ermöglichung der großen Befreiung, ja die Erlösung selbst.

Wieso nennt Jien gerade das *nembutsu* und die Kontemplation der Leere als *die* zwei wesentlichen Übungspraktiken? In ihrer Tiefe verstanden setzt ja die Nennung des Namens des Buddha Amida mit seiner Wesensart in Verbindung. Die Buddha„natur" selbst aber ist Leerheit. Insofern sind es zwei Wege mit demselben Ziel.

Kurze Anmerkungen zu einem möglichen interreligiösen Dialog: Einig könnten sich Buddhisten und Christen darin sein, dass die Welt wesentlich instabil ist, dass alle und alles zur Disposition steht. Wenn und weil der Gott, an den Juden und Christen glauben, die Welt frei geschaffen hat, kann sie jederzeit zurückgenommen und eine neue, andere geschaffen werden. Darum gilt, dass Christen „hier keine bleibende Stadt haben“ (Hebräer 11), dass sie mit befreiender Distanz des „als ob nicht“ in Bezug auf alle Handlungen leben sollten, weil „die Gestalt dieser Welt vergeht“ (1 Korinther 7,28–31). Aber in fundamentalen Positionen dieses Glaubens folgt der alten vergänglichen Welt eine neue unvergängliche; und der Schöpfergott bleibt nicht nur seiner Schöpfung, sondern sich selber treu. Allenfalls in mystisch radikalem Verstehen wird er selbst einbezogen in das Vorübergehen von allem, geht gewissermaßen auch an sich selbst vorüber und über, unter, neben sich hinweg. Gott geht ein und auf in der „Gottheit“. Hier ist der Punkt, wo Vertreter westlicher Religionen mit Buddhisten in abgründige Gespräche über die Leere und das absolute Nichts kommen. Aber aus vielen Gründen hört an dieser Stelle die Kommentierung zu # 10 auf – nicht zuletzt darum, weil Jien Lehrgesprächen über die Leere überhaupt nichts zutraut.

11 Der Einzelne

> Der „Kommentar über das Erwachen von Glauben“ stellt fest: „Zwei Leute sollten nicht einen Raum miteinander teilen; sie werden sich wechselseitig stören und den Weg behindern.“

Wie oft wohl in der Geschichte der Religionen und der Strafvollzugsordnungen ist die Einzelzelle erfunden und neu erfunden worden? Hier wird nach Hirota ein mittelalterlicher Kommentar angeführt, dessen Herkunft historisch nicht geklärt ist und in dem der zitierte Satz nicht einmal zu finden ist. Also zur Sache selbst:

Immer noch tauchen neue Grundthemen auf. Jetzt geht es um die gruppendynamische und soziologische Dimension mönchischer Existenz, um den Einzelnen im Gegenüber zu jeder Spielart von Partnerschaft, Gemeinschaft und Gesellschaft. Die Position ist radikal und wird ganz am Ende der Textsammlung auch leicht revidiert (# 140). Aber hier ist klar: Der andere, jeder Zweite stört auf dem religiös ernst gemeinten und ernst genommenen Weg. Das kann nicht Situationen der Begegnung mit Meistern meinen, trifft aber die Gegebenheiten der Alltagspraxis umso mehr. Also liegt hier ein unüberhörbares Plädoyer dafür vor, im spirituellen Unterwegs im tiefsten Grunde allein zu sein und zu bleiben, wirklich, bewusst und im ganzen Lebensvollzug ein Einzelner zu werden.

In den letzten beiden Jahrhunderten haben viele Denker in einer beeindruckenden Variationsbreite mit Nachdruck auf die Bedeutung des „Einzelnen" verwiesen – gerade im Gegenüber zu allen bewussten und unbewussten Vergesellschaftungen, im Gegenüber zur Masse, aber auch im Gegenüber zu einer jeweils gegebenen mehr oder weniger bürgerlichen Kultur und Religion. Repräsentativ und früh tritt Sören Kierkegaard in Erscheinung: „Menge ist die Unwahrheit." „‚Der Einzelne' ist die Kategorie, durch welche, in religiöser Hinsicht, die Zeit, die Geschichte, das Geschlecht hindurch muss" (vgl. Kierkegaard 102, 112, 115). Aber schon Schamaninnen und Schamanen, alttestamentliche Propheten, Buddha und Jesus waren exponierte Einzelne, gingen ihren Weg.

Jeder Mensch ist unabwendbar ein Einzelner – von seiner Körperpräsenz und seinem Körpergeschick angefangen. Es gibt den einen Ort und die eine Zeit der Geburt dieses Menschen und ebenso die eine Zeit und den einen Ort seines Todes. Selbst in Kollektivschicksalen, bei Zwillingsgeburten und im Massensterben gilt: Menschen können zwar zur gleichen Zeit, nicht aber am gleichen Ort (am gleichen Körper) geboren / getötet werden.

vgl. # 140

12 Wer ist ein guter Lehrer?

> Zen-amidabutsu von Kurodani erzählte folgende Geschichte: Ein Hijiri ging zu Gedatsu und bat um die Erlaubnis, bei ihm zu leben und zu studieren. Gedatsu erwiderte: „Guter Mönch, ich merke, dass eine Sehnsucht nach Erwachen in dir wach ist. Sich aufs Studieren einzulassen, ist gänzlich nutzlos; geh schnell dahin zurück, von wo du kommst. Denen, die hier sind, fehlt das Verlangen nach der Welt-danach, und ich halte sie nur darum dazu an zu studieren, weil das besser ist, als ziellos überhaupt nichts zu tun." So vertrieb er ihn.

Wer ist ein guter Lehrer? Der, der diejenigen, die bei ihm und von ihm lernen wollen, nach Hause schickt? Gedatsu (1155–1213) praktiziert genau dies. Ist er also ein guter Lehrer? Er stammt aus politischen Herrscherkreisen und bleibt auch in aktivem Kontakt mit ihnen. Bekannt ist er wegen seiner Gelehrsamkeit, seinen religiösen Reden und seines konsequenten mönchischen Lebens.

Zur Dynamik des Erzählten: Gedatsu scheint einen scharfen Blick für die Bedürfnisse und Fähigkeit dessen, der anfragt, zu haben. Also ist er ein guter Lehrer.

Und ihm ist klar, dass das, was der Suchende bei ihm zu finden hofft, er bei ihm gerade nicht erlangen wird. Wer so klare Prognosen stellen kann, ist ein guter Lehrer.

Ein guter Lehrer kann schließlich auch noch begründen, *weshalb* er abweisend ist. Deutlicher, aber auch undifferenzierter, als Gedatsu es tut, lässt sich das einzige und entscheidende Argument gar nicht vorbringen: Studieren ist gänzlich nutzlos (vgl. # 10).

Wenn ein wirklich guter Lehrer einen Schüler fortschickt, bevor er ihn überhaupt als Schüler angenommen hat, hat der Schüler alles, was er bei *diesem* Lehrer lernen konnte, durch die Abweisung gelernt. Gedatsu ist nach allem ein guter Lehrer.

Aber das ist noch nicht alles, was erzählt wird. Die Frage bleibt: Spricht ein guter Lehrer zusätzlich zu alledem auch noch derartig abwertend und abschätzig über seine Schüler und damit ja auch über seine eigene Arbeit, wie Gedatsu es tut? Seine Schüler haben keine Sehnsucht nach der Welt-danach und – anders als der Anfragende – keine Erwartungen des Erwachens. Aber weil sie nicht nur herumhängen und gar nichts tun sollen, werden sie von Gedatsu angehalten zu studieren. Das läuft auf Beschäftigungstherapie mit akademischen Inhalten und Methoden hinaus. Es schließt Perspektiven der Transzendenz aus, aber auch Nonsens aller anderen Art. Die zusätzliche Provokation bei all dem besteht (wie in # 10) darin, dass dies ein hoch gebildeter Mann sagt. Es muss ihm ernst sein mit dieser Bilanz zum Thema Studieren.

Und trotzdem und gerade so: Er unterrichtet! Ob Gedatsu ganz heimlich hofft, dass selbst über das Studieren irgendwo der Weg darüber hinaus, darunter hinweg in die grenzenlose Freiheit geht? Ein guter Lehrer kann warten, wenn er – und sei es auf zunächst ziemlich kontraproduktive Weise – etwas von seiner eigene Existenzerfahrung vermittelt. Gedatsu selbst ist ja genau diesen Weg gegangen, und keiner hat ihm gesagt, dass Studieren zweck- und nutzlos sei. Er hat es selbst herausgefunden. Ob man ihm das nicht doch anmerkt?

Aber wenn wir so weitermachten, näherten wir uns beinahe schon einer zen-buddhistischen paradoxen Pointe. Der Reine-Land-Buddhismus ist anders ausgerichtet, weniger steil, dafür lange noch nicht flach. Die paradoxe Variante, für deren Lesart es im Text aber keinerlei Hinweise gibt, wäre: Der gelehrige Schüler, der nach Erleuchtung sucht, wird zurückgewiesen, gerade weil er noch anhaftet und noch nicht absichtslos ist. Und die Schüler, die aufgenommen sind und dumpf vor sich hin studieren, haben gerade darin und trotz allem die Chance der Erleuchtung.

Nachsatz: *Zen*lehrer sind bisweilen noch krasser als Gedatsu, sagen vielleicht gar nichts, lassen ihr Gegenüber gänzlich auflaufen, schlagen gar zu. Risiko und Nebenwirkung dabei ist im Verhältnis 1:1000 die Erleuchtung. *Zen*lehrer hätten mit dem Fragenden höchst wahrscheinlich einen noch kürzeren Prozess gemacht als Gedatsu. Sie hätten ihn nicht freundlich und mit Argumenten abgewiesen, sondern ihn herausgeschmissen.

13 Üb' das sieben Jahre

> Einfach ausgedrückt: Wenn du in deinem Herzen wirklich nach dem Reinen Land strebst und diese elende Welt zurückweist, wirst du durch das Sagen des Namens ohne jede besondere Konzentration die Geburt unfehlbar erreichen. Wenn dein Bestreben nicht echt ist, wirst du hunderttausend Unklarheiten beseitigen, aber das Erreichen der Geburt wird sich dir entziehen.
> Beim Praktizieren des Weges des Buddha ist andauerndes Bemühen entscheidend. Für Leute, die einmal ihr eigenes Leistungsvermögen erkannt haben und sich dazu entschlossen haben, allein das *nembutsu* zu praktizieren, ist es absurd, dies zu ändern, nur weil sich irgendjemand dagegen ausgesprochen hat.
>
> MYŌHEN

Die Themen kommen in einen Fluss. Das Lesen gerät in eine bestimmtere Bewegung. Die Textwellen schlagen nicht mehr so hoch. Es sind zweite Wellen zu bereits bekannten Hauptstichworten. Die Aussagen wiederholen sich, wenn auch neu und anders kombiniert. Muster entstehen. Umso wichtiger – auch für die weitere Lektüre – herauszufinden, was das *jeweils* möglicherweise doch Besondere ist. Wo liegt diesmal der Akzent, und sei es im neuen Zusammentreffen bereits bekannter Stichworte? Fachsprachlich formuliert: Was ist der Ideolekt, das Proprium?

Myōhen ist uns schon begegnet (# 4, # 6). Und auch die Stichworte „Herz“, „Reines Land“, „Hingeburt“, „Name“ sind bereits gefallen und anfänglich kommentiert. Auch die Skepsis gegenüber lehrhaften Wahrheiten war unübersehbar. In # 13 geht es um Authentizität und Kontinuität und darum, sich dabei durch andere nicht beirren zu lassen. Ermuntert wird dazu, bei einer nicht einmal besonders anspruchsvollen Übungspraxis zu bleiben.

Dazu fällt mir ein: Vor mehr als dreißig Jahren habe ich Anfangsgründe des Tai-Chi bei Katya Delakova in New York gelernt – ein im Grunde einfaches und zugleich hoch komplexes chinesisches Bewegungssystem. Ich lerne eine äußere Form, *in* deren Vollzug immer wieder neue Wahrnehmungs- und Übungsebenen auftauchen. Katya sagte zu mir: „Üb’ das sieben Jahre, und dann wirst du sehen …“ Sie meinte wohl, dann wirst du anfangen zu verstehen, worauf du dich da eingelassen hast. Inzwischen übe ich jahrzehntelang, und die Erfahrungen *innerhalb* ein und derselben Form hören nicht auf, sich zu verändern. Üben heißt, etwas wiederholen, was man im Grunde schon kann. Aber Üben ist eben „dranbleiben“, Kontinuität schaffen. Darum ist Übung auch nichts Beliebiges. Denn ich addiere nicht konsumorientiert immer wieder neue und andere Impulse, sondern lasse mich auf einen und nur einen Weg ein. Darin bin ich authentisch. Damit bin ich identifiziert. Darauf bin ich ansprechbar. Das gehört zu mir.

Vielleicht, dass Buddhisten in der Übung des *nembutsu* vergleichbar „dranbleiben“. Ob und wie sich ihre Übungserfahrung im Laufe der Jahre verändert, vermag ich nicht zu sagen. Es könnte sogar gut sein, dass das auch gar nicht im Blick ist. Aber der Punkt von Kontinuität und Authentizität bleibt vergleichbar.

14 Gegenwart

> Wenn ich darüber nachdenke, wie ich auf die wirkungsvolle Ursache der Geburt, nämlich die Andere Kraft, gestoßen bin, wird mir klar, dass es dieses Leben ist, mit dem ich Befreiung von Leben-und-Tod erlangen muss. Selbst wenn wir der Anderen Kraft begegnen, werden wir mit Gewissheit wieder in niedrigere Bereiche zurückfallen, wenn wir untätig und ziellos einfach so weitermachen wie bisher. Ob wir uns von der samsarischen Existenz trennen, hängt also von der Gegenwart ab.
>
> MYŌZEN

Ernüchterung für und Ermahnung an die, die die große Befreiung ausschließlich von der Anderen Kraft *(tariki)* erwarten, die effektiv und von selbst und alleine wirkt. Aber Myōzen bringt nicht einfach die eigene Kraft *(jiriki)* mit ins Spiel. Hier wird nicht mit einem klassischen „katholischen" Modell eines gelingenden Zusammenspiels von menschlichem und göttlichem Tun zur Erlangung des Heils operiert. Myōzen ist vielmehr klar geworden, und er will es anderen klar machen, dass sich in diesem Leben – enger und aktueller noch: in der gegenwärtigen Gegenwart – entscheidet, ob ich in die Welt-danach, in den Bereich jenseits von [Leben und Tod] gelange. Das ist mit religiösem Pathos und existenzialphilosophischer Dringlichkeit vorgebracht.

Auch in einem radikalen Gnadenverständnis kann offenbar nicht gänzlich egal sein, wie Menschen ihre Tage und Nächte verbringen. Aber Myōzen bleibt bei dieser eindrücklichen Ermahnung auffallend zurückhaltend. Einerseits sagt er: Die Menschen sollen nicht untätig und ziellos sein. Andererseits verschreibt er keine Tätigkeiten und Ziele. Sogar das *nembutsu* bleibt unerwähnt. In anderen Passagen der Textsammlung ist das alles ausgefüllter und direktiver. Hier scheint es grundsätzlich um den äußersten bedeutenden Stellenwert zu gehen, den *dieses Leben* hat. Alles entscheidet sich hier und jetzt. Sonst wird alles in unendlichen Abfolgen von Leben-und-Tod, Tod-und-Leben weitergehen.

Aber spirituell praktisch bleibt die Frage unausweichlich: Was soll ich denn mit und in der Gegenwart machen? Was soll denn in ihr geschehen? Wie wenn die Auskunftslosigkeit die Auskunft wäre, die Verweigerung die Spur einer Antwort?! Dann aber entsteht auf den ersten Blick ein Paradox: Wenn ich alle Trubeltätigkeiten und alle Wirbelziele aufgebe, werde ich – plötzlich auf qualifizierteste Weise – „untätig und ziellos", wie es im Text warnend heißt. Auf den zweiten Blick gibt es demnach zwei verschiedene Typen von Untätigkeit und Ziellosigkeit. Und wem es wirklich mit dem Typ II ernst ist, der muss sehr vorsichtig mit *allen* Tätigkeitsratschlägen sein – selbst noch mit denen, untätig und ziellos zu sein. Denn höchstes Missverständnis wäre, würde aus der anempfohlenen Untätigkeit nun doch noch ein Tätigkeitsversuch aus eigener Kraft.

15 Nicht mitspielen

> Wenn dein Interesse die Geburt ins Reine Land ist, achte darauf, in den Augen der Menschen nicht auffällig dazustehen. Menschliche Wesen werden von anderen menschlichen Wesen verletzt. In diesem Leben ein gewisses Maß von Wohlstand und Erfolg zu erreichen, bedeutet für einen Hijiri-Mönch aufs Ganze gesehen reichlich viel Ballast im Hinblick auf die Welt-danach.
>
> MYŌZEN

Wer mitspielen will, muss Mut und Lust haben, sich zu zeigen, sich zu exponieren, zu imponieren, etwas aus sich zu machen, seine Rolle zu kennen und auszufüllen. Das ist so interkulturell gültig, weil es schon dem Verhalten (vor allem) männlicher

Pfauen, der Paviane und aller Ober- und Unteraffen entspricht und in ihrem Erbgut ruht, nur um bei der ersten besten Gelegenheit aktiviert zu werden. Menschen verlängern und steigern diese tierischen Minutenereignisse durch andauernde Selbstinszenierungen: Grund- und Sonderausstattungen, Prestigeobjekte und Repräsentationen aller Art. Das ist das Spiel, bei dem man mithalten muss, wenn man nicht rausfliegen will oder abtritt.

Myōzen rät, diese Spielfläche alternativlos zu verlassen – weg von den Jahrmärkten der Eitelkeit, heraus aus dem Zoo der Selbstdarstellungen unter Platzhirschen, Partylöwen, Salonkatzen und Sexhengsten. Man sollte sie auch nicht in einer Arche retten, sondern sie zur Erleichterung und zur Beschleunigung der Fahrt über Bord des Lebensschiffs gehen lassen. Vermutlich werden sie schwimmen können und noch eine ganze Weile im Kielwasser mit unterwegs sein. (Womit wir zurück bei der zentralen Metapher des Lebens als Schiffsreise sind; vgl. # 6.)

Aber selbst so: Verweigerer, Spielverweigerer, Waldmönche sind interessante Menschen. Asketen können richtig attraktiv sein, nicht nur in ihrer exotisch anmutenden äußeren Erscheinung. Es könnte ja sein, dass ihre Heiligkeit abfärbt. Vielleicht auch, dass sie in ihren Meditationen heilende Kräfte gesammelt haben und ausüben können. Auf diese Weise könnten Menschen, die auf einem radikalen Rückzug sind, in neue Spiele verwickelt werden. Ihre Attraktivität ist eine unfreiwillige, sublime und edle, nichts desto weniger wirksame Variante von „Wohlstand“ und „Erfolg“. Aber wie darauf reagieren? Sich noch weiter auf der ganzen Linie zurückziehen? In die Wälder der Wälder? Aber wo ist das? Und wie, wenn die Gaffer auch dorthin vordringen? Bleiben innere Rückzugsorte?

16 Freifahrscheine für Langschläfer?

Im untätigen Schlafen gibt es keinen Gewinn, aber ebenso wenig ist etwas verloren.

MYŌZEN

Ist der Höhepunkt des Pathos in dieser Textsammlung bereits überschritten? Folgt nun eine Abkühlung, eine Entwarnung? Viel zu pauschal formuliert, aber doch mit einer Pointe, die zu diskutieren sich lohnt: Buddhismus insgesamt neigt weniger zu Alarmismus als Hauptströme westlicher Philosophie und Religion: Hat Pascal nicht dekretiert, eigentlich dürfe man bis zum Ende der Welt nicht schlafen (Pascal 300)? Und ist nicht die Enttäuschung Jesu über seine Jünger erheblich, dass sie nicht im Stande sind, eine Stunde mit ihm sich wach zu halten (Matthäus 26,40–45)?

Buddha Amida beschlagnahmt nicht jede Tages- und Nachtzeit seiner Schüler und Meister für sich. Der Buddha hat für sich und die anderen den „mittleren Weg" entdeckt. Das führt wohl notwendig zu einem ziemlich großen und freundlichen Realismus der Realität gegenüber. Der Rhythmus, vielleicht sogar nur der wie auch immer näher zu bestimmende Doppelpack von Schlafen und Wachen, gehört zur Grundausstattung menschlicher Existenz. Also muss man nicht gegen jede Müdigkeit, gegen jedes Schlafbedürfnis ankämpfen.

Deutlich wird diese Aussage gerade darin, was nicht gesagt wird: Myōzen lässt sich jede weitere Pointe zum Thema entgehen. Er macht aus dem Wechsel von Schlafen und Wachen keine Übungsaufgabe. Er zwingt dem Schlaf, wenn er denn sein muss, auch keine spirituell therapeutischen Effekte ab. Er sagt nicht: Den Seinen gibt es der Buddha im Schlaf. Vielmehr: „Im untätigen Schlafen gibt es keinen Gewinn." Und nichts ist verloren! Aber trotzdem ist das alles kein Freifahrschein für apathische Langschläfer. Nicht einmal das!

Ich werde mich hüten, in einem Text, der überhaupt nicht argumentiert, sondern nur einen Bescheid gibt, nun doch ein Extraparadox aufspüren zu wollen.

Gute Nacht!

Guten Tag!

17 Vom Glück, ein Taugenichts zu sein

> Ein Hijiri weiß, dass es gut ist, für nichts gut zu sein.
>
> MYŌZEN

Im japanischen Original heißt es wörtlicher: Ein Hijiri weiß, dass das, was schlecht ist, auch gut ist. Der Übersetzer gebraucht die englische Redewendung *good for nothing.* Seine Variante: „Ein Hijiri weiß, dass es gut ist, für nichts gut zu sein." *Good for nothing* kann im Deutschen heißen: für nichts gut / zu nichts zu gebrauchen. Wie immer man übersetzt: Es geht um Freiheit und um die Relativität aller vorschnellen Selbst- und Fremdbewertungen. Ein *good for nothing* ist ein Taugenichts. Damit ist hier freilich nicht der edle romantische junge Mann aus der Novelle des Joseph Freiherr von Eichendorff gemeint (Aus dem Leben eines Taugenichts, 1826). Der verlässt die Mühle seines Vaters, wird bei einer Gräfin Gärtner und heiratet schließlich eine arme Waise. Aber auch im buddhistischen Kontext geht es um den Entwurf eines ganzen Lebens, jedenfalls um einen prägnanten Lebensstil:

Wer „für nichts gut" ist, lässt sich nicht funktionalisieren, nicht fremd bestimmen, kann nicht zu einem nützlichen Idioten aufsteigen. Dann nimmt er lieber das Risiko einer Abwertung in Kauf oder übernimmt sogar – und selbstbewusst – die negative Fremdzuschreibung. Ja, ich bin ein Taugenichts! Ihr kriegt mich nicht in eure Gefüge und in euren Unfug. Ich bin frei!

Die berühmte Zen-Geschichte vom Ochsen und seinem Hirten hat genau diese Schlussposition. Einer, der durch alle Stufen des Verlierens, Suchens, Findens, Zähmens und des totalen Verlustes gegangen ist, tritt zuletzt (in einer Station X) auf dem Marktplatz auf. Und eine Gedichtstrophe dazu liest sich so:

> „Mit entblößter Brust und nackten Füßen kommt er herein auf den Markt.
> Das Gesicht mit Erde beschmiert, den Kopf mit Asche über und über bestreut.
> Seine Wangen überströmt von mächtigem Lachen.
> Ohne Geheimnis und Wunder zu mühen, lässt er jäh die dürren Bäume erblühen." (Der Ochs und sein Hirte, 49)

Dieser Lebensstil ist ganz bewusst so, wie er ist. Und er wird positiv bewertet. Der Wandermönch „steht dazu", besser: er geht, sitzt und liegt dazu. Er *„weiß*, dass es gut ist", sagt der Text. Das Ganze ist eine Strategie zwischen Selbstverteidigung und Gegenangriff: Ja, ich mag ein Nichtsnutz sein – in euren Augen sowieso. Aber dieser Entwertung lässt sich ein Wert abgewinnen!

18 Man kann sich nicht nicht einrichten

> Am besten ist die eigene Unterkunft ziemlich widerlich. Wenn sie dem Herzen gefällt, würden wir ihr – unerleuchtet wie wir sind – sicherlich anhaften.
>
> MYÔZEN

Preußisch ist dieser Bescheid jedenfalls nicht. Preußen, habe ich von einer Preußin gelernt, *kleiden* sich unter dem Anspruchsniveau, das sie sonst haben. Sie *essen* entsprechend dem, was sie sich leisten können. Aber sie *wohnen* über ihren Verhältnissen. Natürlich: Buddhistische mittelalterliche Mönche sind keine Preußen, und ihre sozio-kulturelle Situation ist unvergleichbar.

Aber die Frage kann aufkommen: Ragt das Leben nach preußischen Prinzipien in Sachen Wohnen bereits in die Gefahrenzone des „Anhaftens" herein?

Es gibt verschiedene Möglichkeiten, sich einzurichten. Je nachdem entsteht dann:

- ein Atelier
- ein Privatarchiv
- ein Modesalon
- eine Bibliothek mit Schlafküche
- die Kopie einer Multimedienzentrale
- die Dependance eines Departmentstores.

Chic sollte es sein, jedenfalls nicht „ziemlich widerlich".

Myōzen wettert nicht nur gegen die Schickeria, nicht nur gegen das Snobistische und Geschmäcklerische, gegen das Kapitalistische und Konsumistische, sondern gegen den Geschmack überhaupt. Ginge es nach seinen Prinzipien, verschwänden „Schöner wohnen" und ähnliche Magazine vom Zeitschriftenmarkt zusammen mit den IKEA-Katalogen und allen anderen Postwurfsendungen der Einrichtungshäuser. Selbst Feng-Shui-Berater mit ihrem Sinn fürs Geomantische und Energetische würden wohl abgewiesen. Dabei ist eine Grenze deutlich: Der Unordnung, der Unhygiene mit dem Extrem „Messie" wird keineswegs das Wort geredet. Dazu liefert die Kargheit gar nicht Stoff genug!

Preußisch orientiert und buddhistisch provoziert mache ich drei Anmerkungen, die keineswegs ermäßigend und entschärfend wirken sollen:

Als Gast bin ich oft beeindruckt, wenn mir Menschen in ihren Wohnungen oder Häusern ein Zimmer oder auch nur ein paar Quadratmeter zeigen, die so gut wie leer gelassen oder leer geräumt sind. Das relativiert die mehr oder weniger freiwilligen und unfreiwilligen Materialassemblagen an anderen Orten desselben Terrains. Franziskanische Kargheit ohne Koketterie mit der Armut gefällt mir. Der eigene edle Zendo könnte schon wieder unter Ästhetisierungsverdacht geraten. Solch ein Areal war – zeit- und raumversetzt – vielleicht einmal die Ecke mit dem Heiligenbild und mit Familienbildern, eine Andachtsnische. Und ist es möglicherweise heute noch.

Gerade unter materialistischem Vorzeichen betrachtet ist es sehr wahrscheinlich, dass innere seelische freie Leere und äußere freie Räume in einem Zusammenspiel sind. Ganz entsprechend der Parole, dass ein gesunder Geist in einem gesunden Körper sein möge (lateinisch: *mens sana in corpore sano*) ließe sich formulieren: Eine offene freie Seele lebt gerne in einem freien, nicht zugestellten, nicht über-eingerichteten, irgendwie *gestylten* Raum.

Die Herausforderungen im Wohnen werden kein Ende nehmen. Denn selbst für mittelalterlich fernöstliche Mönche gilt: Man kann sich nicht nicht einrichten. Bliebe es keine Frage, würde es nicht thematisiert.

19 Abstand

> Als Myōzen gefragt wurde, wo ein Paria-Mönch leben sollte, antwortete er: „Solange du das *nembutsu* sagen kannst, ist jeder Platz recht. Vermeide aber Orte, wo deine Äußerung erschwert oder behindert ist. Aber wo auch immer du dich niederlässt, sei abgewandt von dem, was dich umgibt."

Der Textabschnitt besteht aus einer Frage und drei kurzen Antworten. Einer großen Freigabe folgen eine Einschränkung und eine allgemeine Anweisung. Zunächst einmal sollte die Freigabe gehört werden. Das heißt: Jeder Platz ist recht. In der Textsammlung werden konkrete Beispiele folgen. Hier nenne ich, parallel gesetzt zu Erleuchtungsorten, die im Zen-Buddhismus und in westlichen Durchbrucherfahrungen bekannt sind: die

Latrine und die Küche mit ihren alltäglichsten Verrichtungen und den Tisch in Emmaus, an dem Jesus mit den Jüngern das Brot bricht (Lukas 24,13–31).

Warum ist jeder Platz recht? Weil an jedem Platz das *nembutsu* gegenwärtig ist, kann es an jedem gehört, aufgenommen, intoniert, verstärkt werden. Das Sagen des *Namu Amida Butsu* kann darin dem Klang und Nachklang des Urknalls verglichen werden. Forscher kennen eine Hintergrundsschwingung im All, die vom Anfang des Anfangs aller Welten herrühren könnte.

Was könnten Orte sein, die die Religionspraxis des *nembutsu* dennoch einschränken? Aus konkreter eigener Erfahrung antworte ich: Eine Visionssuche in Alaska kann nicht nur von Insekten und Bären, sondern auch von lärmenden Lachsfischern am Strand gestört werden.

Aber selbst erfolgreich eingesetzte Strategien des Ausweichens und Vermeidens solcher Störungen ersparen nicht die Übung, insgesamt auf Abstand zu gehen und sich in Distanz zu halten. Das *nembutsu* mag einen leeren störungsfreien Schwingungsraum.

20 Früh übt sich …

Weiter sagte Myōzen: „Das *nembutsu* eines Babys ist am besten." Als er von Mönchen hörte, die aufwendig mit ihrem Lernen beschäftigt waren, bemerkte er: „Ungebildete Menschen, blind für ihre eigene Natur."

Dass die Praxis des *nembutsu* gegen die Praxis des Studierens gestellt wird, ist inzwischen vertraut. Dass aber die Existenz eines Säuglings gegen die Existenz erwachsener gebildeter Personen ausgespielt wird, ist eine Steigerung der Problemlage und muss und soll wohl auf Rückfragen stoßen. Ist es denn nicht eher anders herum? Sind nicht gerade Babys, nicht aber Erwachsene unwissend und ihren naturgegebenen Erfahrungs- und Reaktionswelten gänzlich ausgeliefert?

Wie berechtigt und skeptisch die Rückfrage auch gestellt wird: Tatsache ist, dass in Kunst, Religion und Traum das Kind – je jünger, desto besser – Archetyp des ursprünglich ungeschmälerten unverletzten schuldlosen Lebens ist und bleibt. Erst wo der Archetyp mit den alltäglichen Lebensrealitäten in Kollision gerät, werden auch die emotionale und intellektuelle Hilflosigkeit, die Verletzlichkeit, das Ausgeliefertsein von Kindern deutlich. Myōzen ist an einer ausgewogenen Erörterung kindlicher Lebensweise wohl wenig interessiert. Er rückt das Kleinkind in die Mitte seines Ausspruchs und bringt etwas zum Ausdruck, das in einer möglichen Nähe zu einer Notiz im Thomas-Evangelium (Logion 22) steht: „Jesus sah kleine (Kinder), die gestillt wurden. Er sprach zu seinen Jüngern: Diese Kleinen, die gestillt werden, gleichen denen, die in das Königreich eingehen."

Myōzen meint wohl: Kinder sind dem Leben oft weniger ignorant – unwissend, abgekoppelt, beziehungslos – gegenüber als hoch studierte Leute. Diese können ganz viel gelernt und doch das Wesentliche verlernt und verloren haben. Mit Myōzen ließe sich auch in die Gegenwart hinein kritisch fragen, wo die intellektuelle Intelligenz kontaktlos zur emotionalen, zur kreativen und zur spirituellen Intelligenz ist?

21 Fassung in Narrheit

> Was auch immer sich ereignet: In unserer Narrheit können wir unsere Fassung nur so lange bewahren, wie wir vermeiden, genau hinzuschauen. Unser Streben mag eindrucksvoll erscheinen, in kritischen Situationen wird es leicht erschüttert.
>
> MYŌZEN

Dies könnte dazu ermutigen, in der Selbsteinschätzung realistisch zu bleiben. Die Ansprüche an das Selbstideal sind oft eine Selbstüberforderung. Spirituelle Konstruktionen sind meist instabiler als vermutet und vor sich selbst und vor anderen behauptet. Neubauten dieser Stilrichtung stürzen besonders gerne ein. Myōzens Situationsbeschreibung findet in zwei pointierten Sätzen westlicher Autoren des 20. Jahrhunderts Resonanz. Und also ist und bleibt sie aktuell.

In Gottfried Benns Prosa wird angeraten: „Erkenne die Lage … gehe von deinen Beständen aus, nicht von deinen Parolen. … Nimm gelegentlich Brom, es dämpft den Hirnstamm und die Unregelmäßigkeiten der Affekte“ (Benn 232).

Und Herbert Achternbusch lässt den Bischof die Schwester Oberin, in deren Kloster Jesus vom Kreuz herabgestiegen ist, fragen: „ … wohin soll ich blicken, damit ich nichts sehe?“

Beide Male handelt es sich um grandiose Vermeidungsstrategien, bei Achternbusch mit keinerlei, bei Benn mit ziemlich viel Realitätskontakt. Von nichts anderem spricht Myōzen. Er empfiehlt sie nicht, aber er untersagt sie auch nicht rigoros. Wollte man einen Ratschlag aus # 21 ableiten, könnte er heißen: Willst du deine Fassung bewahren, vermeide Situationen, die dich dazu zwingen könnten, in kritischen Kontakt mit deinen (auch und gerade religiösen) Erfahrungen von Einbrüchen und Abstürzen zu kommen.

22 Ungetan

> Handlungen, bei denen du abwägen musst, ob du sie tun sollst oder nicht, solltest du lieber ungetan lassen.
>
> MYŌZEN

Thema ist nicht das Aus- und Überreagieren, die Schnellschüsse, die Blitzreaktionen, das unkontrollierte Zurückschlagen. Vielmehr werden die Hörer darauf aufmerksam gemacht, dass es vor *jeder Art* von Tun die Chance gibt zu überlegen, ob ich es vollziehe oder lasse. Wo dies realisiert wird, ist ein großes Hindernis weisheitlicher Lebenspraxis beiseite geräumt. Aber Myōzen trägt hier nicht nur ein Plädoyer für überlegtes Handeln vor, sondern für die immer zu erwägende Möglichkeit, auch nicht zu handeln. Und dabei geht es nicht nur um die Unterlassung von Untaten und schlechten Handlungen. Wer dem Ratschlag folgt, handelt vielmehr psycho-ökologisch verträglich, ist nicht in der Gefahr der Überproduktion, lässt die menschliche und die materielle Welt gegebenenfalls auch einmal in Ruhe. Diese Ruhe ist relativ, denn von Quietismus oder generellem Handlungsverzicht ist hier keineswegs die Rede, auch nicht davon, möglichst ungeschoren oder unbefleckt aus der Welt herauszukommen. Im Text steht „lieber nicht", nicht „in keinem Fall". Es soll pragmatisch und situativ zugehen. Ermessungsspielräume bleiben, aber die Selbstverständlichkeit der Option zu handeln, ist gebrochen. Buddhistisch hat dies den spezifischen Grund, keine unnötigen weiteren Schicksalsdaten anzusammeln und also das Karma zu vergrößern.

Ein Beispiel? Hat man etwas ausgesprochen, was man besser für sich behalten hätte, hat man jemanden durch Worte oder aggressive Handlungen – und sei es auch nur leicht – verletzt, ist es oft äußerst schwer, es wieder auszugleichen. Vieles bleibt unrevidierbar, lässt sich nicht ungeschehen machen.

Myōzen spricht vom Regelfall. Was könnten die Ausnahmen sein? Wo sollte ich lieber doch handeln? Missbrauch seiner Regel könnte da auftreten, wo ich sie dazu einsetze, Passivität, Wegschauen, Lieblosigkeit, Konfliktvermeidung und Trägheit, endlich einen nächsten eigentlich notwendigen Schritt zu tun, zu rechtfertigen.

Trainingsvorschlag: Auf allen Ebenen – körperlich, motorisch, emotional, geistig – zu spüren, wo Situationen sind, in denen Myōzens Prinzip Anwendung finden könnte, wo das Nicht-Tun, die Unterlassung sich positiv auswirken könnten. Und zur Selbstkontrolle: Erstellung einer Liste der Handlungen, die ich nach entsprechenden Erwägungen nicht getan habe oder (auch weiterhin) unterlassen werde.

23 Kein Rückzug

Für eine Person, die wirklich die Welt-danach erreichen will, ist nichts sinnloser, als sich vom alltäglichen Leben zurückzuziehen.

MYŌZEN

Zehn kurze Begründungen für diesen Leitsatz Myōzens, die sich auch überlagern können:

1 Als ob das überhaupt möglich wäre: sich aus dem alltäglichen Leben zurückzuziehen.

2 Wer den Alltag verlässt, gerät zumeist nicht in eine übergreifende wirklich transzendente Welt, sondern in einen anderen Alltag, oder aber in eine Sonderwelt, die vielleicht geheimnisvoller, exotischer, sogar herausfordernder als alle Alltagswelten ist. Aber auch sie wird ihre neuen Engen, Tabus und Routinen haben.

3 Es könnte sein, dass die wirkliche Weite der Welt-danach gerade in der Enge des Alltags verborgen ist.

4 Es gibt ein „Transzendieren ohne alle Transzendenz" (Ernst Bloch), ein Überschreiten in die und in der Immanenz.
5 Der Alltag hat die Potenz bzw. ist bereits in Wirklichkeit der All-Tag – der Kosmos im Sandkorn, die Ewigkeit in der Gegenwart.

Die Gründe 6 bis 10 sind situativ nachzutragen.

24 Implizite Ethik

> Du magst dich nicht sehr darum bemühen, anderen zu helfen, aber wenn du wirklich danach strebst, dich von dieser samsarischen Existenz zu trennen, gibt es mit Sicherheit einen angemessenen Gewinn für jedes andere Lebewesen.
>
> MYŌZEN

Was hier verhandelt wird, könnte man eine nicht artikulierte, eher *implizite* Ethik oder ein *indirektes* ethisches Handeln nennen. Wenn ich aus dem Weg heraus, fort von den Zwängen und dem Wahnwitz dieser Welt bin, wenn ich nicht mehr mit Gier, Hass und Unwissenheit agiere und damit die Lebensfelder der anderen unvermeidlicherweise störe, bedrohe und verkleinere, dann profitiert davon der Rest der Welt. Ich nenne diese Ethik auch darum „implizit", weil sie sehr verhalten vorgetragen wird. Eine westliche Variante dazu hieße zumindest: Fange bei dir selbst an! Erst muss sich der einzelne verändern, dann werden sich längerfristig auch die Strukturen ändern. Das steht hier aber gerade nicht zu lesen. Und ich bin mir oft auch nicht sicher, wie viel Ausweichmanöver und Entschuldigungen für die eigene nicht ganz überzeugende Praxis in diesem westlichen Gedankengang mit im Spiel sind.

Myōzens Satz ist wenig ideologieanfällig und hat seine konkrete Praxis und eine untrügliche Wahrheit. Er behauptet die Gleichzeitigkeit der Selbst- und der Weltveränderung. Er beschreibt eine Tatsache: Wenn ich anders lebe, hat das unweigerlich auch Auswirkungen auf alles und alle anderen – in welchem kleinen Welt- und Lebensausschnitt auch immer.

Zur Ethik, auch zur Rückkehr auf die Welt als helfender Bodhisattva vgl. # 132.

25 Vor dem Anfang aufhören

> *Hijiri*-Mönche werden durch ihre eigene Tugend behindert. Anstatt zu versuchen, gute Taten auszuüben, höre einfach auf, Böses zu tun.
>
> MYŌZEN

In dieser Textsammlung sind Anmerkungen zur Ethik durchweg zurückhaltend, bleiben implizit, selbstkritisch bis skeptisch (vgl. # 8, # 22, # 24). „Tugend"-Konzepte und deren Praxis können aus solchem Blickwinkel heraus schnell kontraproduktiv sein, gar schaden und scheitern. Je höher die Ideale, desto größer die Fallhöhe und der Absturz. Tugenden können zu Hindernissen auf dem eigenen Weg und im Leben anderer werden. „Gut gemeint" ist oft das Gegenteil von „gut".

Ausdrucksstark und bisweilen krass findet sich diese Beobachtung in Heinrich von Kleists Erzählungen. Michael Kohlhaas hat, wie Kleist formuliert, „in einer Tugend … ausgeschweift". Ausgerechnet das „Rechtsgefühl ... machte ihn zum Räuber und Mörder". Und so gilt er bei Kleist als „einer der rechtschaffensten zugleich und entsetzlichsten Menschen seiner Zeit". (Kleist 5)

Myōzen macht einen überraschenden Vorschlag, um allen Gefahren im Bereich von Tugenden zu entkommen: den Fokus darauf zu richten, Böses zu lassen (vgl. schon # 8). Das läuft auf eine Ethik der Unterlassung hinaus. Das Negative wird durch Nicht-Tun negiert. Die Praxis hört auf, bevor sie angefangen hat. Das Praxisfeld, das hier angesprochen wird, ist enger als in # 22, wo dazu aufgerufen wird, nur solche Handlungen, bei denen nicht sicher ist, ob man sie überhaupt tun sollte, bleiben zu lassen. In # 25 geht es ausdrücklich „nur" um das Böse. Aber in diesem Bereich ist es besonders wichtig, durch Unterlassen keine weiteren Schicksalsdaten anzusammeln und das Karma zu vergrößern.

Auch hier ist sehr genau darauf zu achten, was entgegen unserer Assoziationswolken *nicht* im Text steht. Myōzen sagt lediglich: Wer nichts Böses tut, tut nichts. Wirklich nichts. In anderen religiösen Grundtexten, etwa beim Apostel Paulus, ist das Zusammenspiel von Nicht-Böses-Tun und Tun ganz anders, viel aktiver, etwa in Römer 12,9 f.: „Die Liebe sei ungeheuchelt! Verabscheuet das Böse, hanget dem Guten an! In der Bruderliebe …" und so weiter. Hier greift die Praxis des Guten unmittelbar da Platz, wo das Böse verabschiedet und verabscheut wird.

26 Maßloser Glaube / maßvolle Praxis

Wenn du das *nembutsu* achtlos sagst, weil gelehrt wird, dass die Geburt mit nur einer oder zehn Äußerungen (des Namens) erreicht wird, dann behindert der Glaube / das Vertrauen die Praxis. Wenn du meinst, dass eine einzige oder zehn Äußerungen ohne Bedeutung sind, weil gelehrt wird, dass du den Namen sagen sollst, „ohne dies auch nur für einen Moment zu unterbrechen", dann behindert die Praxis den Glauben / das Vertrauen.

Was deinen Glauben / dein Vertrauen anbetrifft: Geh davon aus, dass die Geburt durch ein einziges Äußern (des Namens) erreicht wird. Was deine Praxis anbetrifft: Bemühe dich um das *nembutsu* das ganze Leben lang.

HŌNEN

Die erste große Lehrautorität des Reinen-Land-Buddhismus, Hōnen (1133–1212), hat in diesem Textabschnitt ihren ersten Auftritt und thematisiert genauso Grundsätzliches wie Problematisches. Es geht um das Verhältnis von Glauben und religiöser Übungspraxis.

In buddhistischer Tradition ist Glauben / Vertrauen in keiner Weise blind, auch nicht einseitig affektiv gefühlsbetont, sondern ein Grundkomplex von Haltung, Einstellung, Gewissheit und Wissen. Zentrum dieser Haltung ist, dass die Barmherzigkeit des Buddha Amida unermesslich ist. Hōnen weist nun darauf hin, dass ein solcher Glaube behindert werden kann oder aber seinerseits religiöse Praxis behindert. Verliert nämlich die Unermesslichkeit und Maßlosigkeit der Barmherzigkeit des Buddhas Amida den Glaubens- und Lebenskontakt zu den Maßen des *nembutsu*-Sagens, dann ist das paradoxe Zusammenspiel von Glauben und Praxis gestört. Verallgemeinert: Die Unermesslichkeit zieht alles, was in der Endlichkeit notwendigerweise Maß hat und braucht, mit in sich hinein und behindert so die Praxis. In diesem Fall liegt also das ganze Gewicht einseitig auf dem Glauben. Die Balance zwischen Glauben und Praxis kann aber auch dadurch gestört werden, dass die Praxis überbetont wird und alles an sich zieht. Dann verliert die spirituelle Wahrheit, dass im Grenzfall tatsächlich ein einmaliges oder ein zehnfaches *nembutsu* hinreicht, ihr Gewicht. Und eine Praxis, die um keinen Preis unterbrochen werden darf, kann absolut zwingend und darum zwanghaft werden. In Bezug auf Maß und Maßlosigkeit hieße das: Das Maß der Praxis würde in der Gefahr sein, der Maßlosigkeit der Barmherzigkeit zu entsprechen. Dabei aber geriete die Praxis unter den Verdacht, mit der Barmherzigkeit zu konkurrieren. Und damit würde sie selbst – im problematischsten Sinne – maßlos und behinderte den Glauben. Die Praxis würde maßlos und der Glaube „mäßig“ bzw. auf ein Mittelmaß zurückgedrängt.

Hōnen rät dringend von beiden Fehlformen einer zu starken Verschränkung von Glauben und Praxis ab und setzt dadurch beide in ihr Recht: Glaube ist maßlos, Praxis hat Maß.

27 Qualität, nicht Quantität

Es wird gelehrt: Wenn du meinst, es wäre nicht entscheidend, wenigstens einmal das *nembutsu* zu sagen, dann wird jede Äußerung ein *nembutsu* ohne Glaube. Amida Buddhas Gelöbnis zielt darauf ab, dass die Geburt mit jeder Äußerung erreicht wird; darum ist jedes einzelne Sagen des *nembutsu* ein karmischer Akt, der zur Geburt führt.

HŌNEN

In der wesentlichen Aussage lässt sich dieser Textabschnitt als Wiederholung bzw. Fortsetzung des vorhergehenden lesen. Auch hier geht es um die absolute Ernsthaftigkeit und Unverzichtbarkeit der Praxis, sei sie numerisch noch so gering. Das *nembutsu* hat eine Qualität, der gegenüber Quantitätsfragen äußerst relativ sind. Jedenfalls lässt sich Qualität nicht durch Quantität erreichen. Vielmehr kann auch die größte Quantität qualitätlos, ohne Glauben sein. Und im Grenzfall muss der einmaligen Qualität überhaupt keine Quantität hinzugefügt werden.

28 Auf den Punkt gebracht

Wenn ich Shan-taos *Kommentar* lese, habe ich den Eindruck, dass die drei Grundhaltungen und die vier Regeln der Praxis alle Namu Amida Butsu sind.

HŌNEN

Mit seinen „Hymnen der Geburt im Reinen Land" ist Shan-tao (613–681) eine zentrale chinesische Lehrautorität im Jōdo-shin-shū-Buddhismus. Er fasst die Lehren älterer Sutren zusammen, kommentiert sie und gibt sie weiter. Hirotas Hinweisen entnehme ich, dass Shan-tao mit den „Grundhaltungen" vollständige Ernsthaftigkeit zusammen mit kritischer Selbstwahrnehmung und Vertrauen und schließlich das Verlangen meint, im Reinen Land dadurch geboren zu werden, dass man für sich selbst und für andere verdienstvolle Handlungen auf dieses Ziel hin lenkt. Die vier Praxisregeln beinhalten

- die Verehrung Amidas und der Wesenheiten des Reinen Landes,
- die ausschließliche Praxis, den Namen Amidas auszusprechen und an ihn zu denken,
- eine ununterbrochene, mit ganzem Herzen vollzogene Praxis,
- eine Praxis, die das ganze Leben hindurch aufrechterhalten wird. (Hirota 14)

Hōnen stellt fest, dass der Fokus, den er selbst in Theorie und Praxis für entscheidend hält, das Namu Amida Butsu, auch bei den Lehrautoritäten der Tradition fraglos der Fokus war. Das ist Selbstbescheidung und Selbstbehauptung im gleichen Atemzug: Ich sage nichts Neues! (Selbstbescheidung) Ich habe die verbindlichste Tradition auf meiner Seite! (Selbstbehauptung) Gegenüber möglichen kritischen Rückfragen heißt das auch: Was ich lehre, ist keine Verengung, keine Vereinseitigung oder Ermäßigung. („Reduktionismus" wäre wohl ein Schlagwort, mit dem Streitende heute operierten.) Vielmehr handelt es sich um eine weitere Verdichtung, Zentrierung, Essentialisierung. Das Wesentliche ist im Blick, Unwesentliches wird beiseite gelassen.

Honens Strategie ist nicht neu, sondern entspricht einem Grundmuster: Josias Kultreform (2 Könige 22 und 23), Luthers Wiederentdeckung der jüdischen und paulinischen Rechtfertigungslehre und zahllose andere *Re*formationen wollten eine religiöse und / oder politische Entwicklung aufs Ursprüngliche und aufs Wesentliche hin „*zurück*rollen" (lat.: *revolutio*).

Lassen sich bei einem solchen Vorhaben Chancen und Gefahren erörtern? Grundsätzlich muss wohl begrüßt werden, wenn aus einem diffusen Konzept und aus zerstreuter Praxis (wieder) eine klare große einfache Gestalt werden soll. Gegenwärtig ist „Reduktion von Komplexität" zugunsten von Hantierbarkeit und Wirksamkeit geradezu ein Zauberwort angesichts von Hyperkomplexität allüberall. – Gefahren wurden schon genannt: Verengung, Ermäßigung, Reduktionismus. Die Suche nach dem Wesentlichen kann den Blick für bleibende Unterschiede, für keineswegs un-wesentliche Differenzen, für das Andere und Fremde trüben, wenn nicht ganz ausschalten. Vermutlich gibt es auch im spirituellen Ackerbau Agrarreformen, die lebendige Vierfelderwirtschaft in riskante Monokulturen verwandeln. Dann wird jeder Vielfalt misstraut, und Monopole kommerzialisieren und kontrollieren das Saatgut.

Im Dialog sollte es als ein großes Glück gelten, wenn die Partner ihre Traditionen auf wesentliche Punkte zu bringen vermögen. Das lädt zu wechselseitigen Pointierungen ein und vermeidet Ausweich- und Ablenkmanöver in Randzonen und Sonderbeständen. Keine Baugenehmigungen also für Elfenbeintürme, für Bibliothekslabyrinthe und für „Geflügelfarmen für höher fliegende Gedanken" (Robert Musil).

29 Essmanieren

Hōnen unterwies jemanden so: Menschliches Leben ist so geartet, dass eine Person bisweilen Bissen guten Essens herunterschlingt, sich daran verschluckt und stirbt. Darum kaue beim *Namu Amida Butsu*, praktiziere das *Namu Amida Butsu* so, wie du schluckst.

Für Hōnen ist das *nembutsu* einem elementaren Leib- und Lebensvollzug vergleichbar. Zwei Basissätze zum Vorgang „Essen": Wer isst und für sein Leben auf Nahrung angewiesen bleibt, ist bedürftig und abhängig. Und: Wer Essen herunterschlingt und sich dabei verschluckt, ist gierig. Dies sind zwei

Grundsachverhalte, die zusammengehören und die doch getrennt werden müssen. Wer bedürftig und dabei gierig ist, hat oft nur allzu berechtigte, vielleicht aber auch unangebrachte Angst davor, nichts oder nicht genug zu bekommen. Wer genauso bedürftig ist, aber jeden einzelnen Bissen guten Essens geradezu in Zeitlupe genießen kann, lebt – nicht nur ernährungswissenschaftlich betrachtet – gesünder. Er lebt auch glücklicher. Er muss wohl keine Angst haben, dass ihm andere alles wegessen oder zumindest um die besten und größten Happen gnadenlos rivalisieren.

Der Vergleichspunkt: Hōnen behauptet eine mögliche Parallele zwischen Essen und religiöser Praxis mit der krassen Pointe, dass beide, werden sie falsch vollzogen, tödlich sein können. Dabei psychologisiert oder theologisiert er nicht einmal so weit, wie es hier bereits geschehen ist, sondern rät nur: Sage das *nembutsu* so, wie du kaust und schluckst. Kaue die sieben Silben des *Namu Amida Butsu*, schlucke sie, schlinge und verschlucke dich nicht! Gibt dem Weg von außen nach innen, dem Prozess der Kontaktaufnahme und der Aneignung des Anderen seine Zeit.

Wenn zurückgefragt würde, woher die Gefahr komme, anders als empfohlen zu verfahren, würde die Angst wohl eine entscheidende Rolle spielen. *Diese* Angst aber wäre Unglauben. Das, was vor undenklich weiten Zeiträumen durch Buddha Amida auf den Weg gebracht worden und grenzenlos gültig ist, muss nicht in Sekundenhetze angeeignet werden – als ob es im nächsten Moment zurückgezogen oder von anderen weggeschnappt werden könnte. Buddha Amidas Barmherzigkeit ist da, bevor ich rufe, und bleibt fraglos zugänglich, wer immer auf welcher Ebene auch dazwischen zu fahren versucht.

Guten Appetit (japanisch: *ita dakimas*)!

30 Reiner Vollzug

> Ohne zu erwägen, ob deine Leidenschaften oberflächlich oder tiefsitzend sind, ohne das Ausmaß deines Karmisch-Bösen zu prüfen, sag einfach das *Namu Amida Butsu* mit deinen Lippen, und bringe durch dein Intonieren die Festigung deiner Geburt zuwege.
>
> HŌNEN

Kein Pulsfühlen. Keine Selbsterforschung. Keine Eigendiagnose. Keine Gewissensprüfungen. Darum auch gar keine Möglichkeit zu besonderer Skrupel oder zu Ich-Fixierungen. Sondern Praxis. Der hier gemeinte Vollzug ist so konkret und leibhaftig zum Ausdruck gebracht, dass seine körperlichen, physikalischen und physiologischen Dimensionen keine Erwähnung finden: Reiner Vollzug. Kein Wort von Training oder irgendeiner Bereitschaftshaltung. Aber auch kein Wort davon, wie oder warum genau das funktioniert.

In der katholischen Sakramentenlehre gibt es die lateinische Formel *„ex opere operato“*, d.h.: Eine Handlung ist alleine schon dadurch wirksam, dass sie ausgeführt wird. Irgendwie läuft alles wie von selbst, automatisch. Die innere Haltung dazu kommt nicht weiter in Betracht, bleibt außen vor und kann letztlich nicht störend wirken. Für ein paar Sekunden mag sogar der Verdacht auf Magie aufkommen. Aber die ganze Spur wird sich verlieren. Denn bei Hōnen ist das Ich so unbeteiligt, dass vom magieartigem Hantieren mit Kräften nicht die Rede sein kann. Um ans buddhistische Ziel zu gelangen, nimmt sich der Zielläufer vielmehr auf den verschiedensten Ebenen so weit wie möglich zurück. Das *Namu Amida Butsu* ist das *Namu Amida Butsu.* Ich töne, weil und wie es mir entgegentönt.

Der Textabschnitt antwortet mit keinem Wort auf die Frage, wie dieser Vollzug übungspsychologisch „funktioniert“. Aber ich gebe zu erwägen: Könnte die pure Stimm- und Körperpraxis, auf die ich mich zentriere und die mich wiederum zentriert – grenzwertig vielleicht sogar leicht hypnotisierend

– die entscheidende Rolle spielen? Dann würde ich mich ganz auf etwas hin ausrichten, was andere Bewegungsimpulse und Gedankenbahnen, alle Selbstbeobachtung und alle Skrupel in den Hintergrund rücken lässt. Sie wären neutralisiert, unwirksam gemacht.

Ein Einwand aus der Erfahrung vieler Übender müsste diese Spur nicht auswischen, aber doch problematisieren. Die Erfahrung geht dahin, dass gerade in der Konzentration auf nur eines (hier: das *nembutsu*) Störsender und Störsendungen durchdringen. Etwa: Im Mitvollzug mit der Liturgie versucht sich ein Terminkalender Platz zu machen. Krasser noch: Ins rituelle mitgesprochene fromme Gebet platzen sexuelle Fantasien hinein, die sonst weniger Gelegenheit haben, einzutreten. Das ist dann das Ende des reinen Vollzugs. Aber selbst hier noch gilt, dass es in der religiösen Praxis nicht so selbstverständlich wie in der „Themenzentrierten Interaktion" (TZI) ist, dass Störungen Vorrang haben (vgl. # 4). Freilich lassen sie sich auch nicht einfach ignorieren. Darum bleibt die Übung auch in dieser Hinsicht Übung. Wo sie völlig automatisiert abläuft, funktioniert sie gerade nicht mehr. Das sind die Grenzen von Hōnens Rat.

31 Können Buddhisten zynisch sein?

Wenn Hōnen andere führte, sagte er oft: „Menschen, die ernsthaft auf die Geburt hin ausgerichtet sind, breiten in ihrer Umgebung immer ein leicht zynisches Misstrauen der Welt gegenüber aus."

Wirklich „zynisch"? Können Buddhisten in all ihrer Weltüberlegenheit überhaupt zynisch sein? Was heißt „Zynismus"? Peter Sloterdijk hat es schon 1983 auf einen brilliant kritischen Begriff gebracht. „Zynismus ist das *aufgeklärte falsche Bewusstsein*" (Sloterdijk 37). Ich *weiß*, dass weder die Welt als ganze noch mein Leben und Bewusstsein richtig, angemessen sind. Und ich akzeptiere. Ich spiele mit – mehr auf Verderb als auf Gedeih. Vermutlich gibt es dabei zwei verschiedene Spielarten: Die Haltung kann eher resignativ oder eher mutwillig aggressiv ausfallen. Im zweiten Fall heule ich nicht nur mit den Wölfen, sondern mache mit ihnen auch Beute. Beide Male funktioniere ich in krassem Selbstwiderspruch. Denn ich bleibe *mit vollem Bewusstsein* ein Rad im falschen Getriebe und betreibe und befördere damit das, was falsch, verlogen und im Grunde verloren ist.

Können Buddhisten in diesem Sinne überhaupt „zynisch" sein? Leben sie nicht jedenfalls in zwei so verschiedenen Welten sowohl der Erfahrung wie der Sehnsucht, dass ihre Selbstgefangensetzung in *einer* Welt, und dann gar in der Welt des Zynismus ausgeschlossen ist? Ist ihre Weltüberlegenheit in Gegenerfahrungen, zumindest aber in der Klarheit der Suche und in der Ausrichtung hin auf Transzendenz nicht viel zu stark?

Ich wollte das Wort *cynical* in der englischen Übersetzung, die meiner Interpretation zugrunde liegt, nicht gleich abmildern, so sehr in ihr abschwächend von *„slightly cynical"* die Rede ist. Aber wie radikal und wie zurückgenommen auch immer übersetzt wird – die wesentliche Aussage darf dabei nicht verschwinden: Buddhisten haben eine grundsätzlich skeptische und ambivalente Haltung der Welt gegenüber. Sie „trauen dem Frieden nicht", wie man so schön sagt – und dem Krieg erst recht nicht. Sie hegen Argwohn. Sie haben einen Anfangsverdacht, der nicht enden will und kann. Gerade das aber nötigt sie, die Welt ungeschminkt und auch ohne falsche Dramatisierungen so zu nehmen, wie sie ist, und in ihr entsprechend zu handeln. Mitten hindurch durch das Gebiet, das auf der einen Seite des Weges brach liegt, weil in ihm Resignation, allenfalls ironischer Abstand allen und allem gegenüber herrscht, und das auf der anderen Seite höhnisch und aggressiv Zynismus pflegt, schreiten sie voran. Und niemand hindert sie daran – auch sie sich selber nicht – in der Welt zu sein, so lange sie in der Welt sind, und dabei auch angemessene Werke der Barmherzigkeit zu verrichten. Eine skeptische Haltung der Welt gegenüber muss also nicht verbunden sein mit Unverbindlichkeit und Vermeidungshaltungen, auch nicht mit latentem oder diffusem Hass dem Konkreten, dem Endlichen, der Gegenwart gegenüber. Der buddhistische Weg ist kein genereller Rückzug.

Die frühen christenjüdischen Gemeinden mit ihrem radikalen Realitätssinn einerseits, mit ihrem ungeheuren Erwartungspotenzial auf der anderen Seite standen wohl in einer ähnlichen Spannung. In der sog. Kleinen Apokalypse des Matthäusevangeliums ruft Jesus die ihm Nachfolgenden dazu auf, angesichts überhandnehmender Ungerechtigkeit die Liebe selbst dort „nicht erkalten zu lassen", wo das Chaos droht und lebensbewahrende und -ermöglichende Strukturen immer weiter zerfallen (Matthäus 24,12). Aggressiver Zynismus und apathische Resignation waren allemal naheliegender.

32 Beten und rauchen

> Der ehrwürdige Meister Hōnen lehrte in seinen späten Jahren: „Selbst wenn du mit anderen Tätigkeiten beschäftigt bist, richte sie aus, während du das *nembutsu* sagst. Sag das *nembutsu* nicht, während du etwas anderes tust."
>
> ZENSHŌ

Der Text besteht aus zwei Sätzen und präsentiert eine irritierende doppelte Handlungsanweisung, die eine leichte Qualität von Zen-naher Widersprüchlichkeit hat. Was denn nun? Soll / darf / kann ich das *nembutsu* mit anderen Tätigkeiten zusammen praktizieren oder nicht? Ja *und* Nein?

Die Spannung bleibt aber wohl unterhalb eines wirklichen Paradoxes. Denn sie löst sich auf, wenn klar ist, dass die Praxis des *nembutsu* Vorrang vor allen anderen Tätigkeiten hat. Wenn man das *Namu Amida Butsu* äußert, sollte man natürlich nichts anderes tun als dies (Satz 2). Aber wenn man etwas anderes tut, kann das *nembutsu* nicht von vorn herein und ausschließlich unangebracht sein – im Gegenteil (Satz 1). Zenshō, ein Schüler von Hōnen, war im profanen Beruf Zimmermann und wird die doppelte Regelung beherzigt haben. Sie wird in der Gebetspraxis verschiedener religiöser Traditionen anwendbar sein.

Eine westliche Wanderlegende eines brüderlich priesterlichen Lehrgesprächs ist anschlussfähig. Sie behandelt ein vergleichbares Problem, aber sie ist pfiffiger und spirituell heiterer – vielleicht auch darum, weil es in ihr um den Bereich der Freizeit, nicht um den der Arbeit geht. Erzählt wird von der Anfrage an einen Geistlichen, ob man beim Beten rauchen dürfe. Die geradezu entrüstete Antwort lautet natürlich: Auf keinen Fall! Was für ein Ansinnen! Daraufhin wagt der Fragende eine Variante: Ob man denn beim Rauchen beten dürfe. Damit ist der Antwortautomat außer Betrieb gesetzt. Welche Antwort auch immer dem folgt, sie muss zögernder, abwägender, vorsichtiger und toleranter ausfallen. Am deutlichsten wird dies am veränderten Gebrauch der sog. Hilfszeitwörter. Die Antwort heißt nicht mehr: Nein, man *darf* nicht, sondern eher: Man *sollte* nicht, aber auch: Man *könnte* unter gewissen Umständen vielleicht doch … beim Rauchen beten. (Nebenbei: Religionsgeschichtlich ließe sich argumentieren, dass Rauchopfer und der Duft der Friedenspfeife auf durchaus *religiösen* Übungswegen in den Himmel gestiegen sind, bevor die Tabakindustrie den profanen Zigarettenkonsum in Gang gesetzt hat. Grenzwert: Man *muss* beim Beten „rauchen".)

In einer allgemeineren Fassung: Religiöse Praxis *muss* konzentriert sein, aber profane Praxis *kann* und *darf* den Einzugsbereich religiöser Praxis nicht von vorn herein ausschließen. Schließlich lässt sich Glaube als Lebenshaltung an keinem Fabriktor und auch anderswo nicht ablegen.

Aber: *Sollte* und *müsste* es nicht beim *nembutsu*, in religiöser Praxis überhaupt Grenzmarkierungen geben? Können religiöse Handlungen nicht schamlos und unverschämt verunreinigt und entweiht werden, indem sie von ungeeigneten Menschen an falschen Plätzen zu falschen Zeiten in ungeeigneten Situationen ausgeübt werden, sodass nur Blasphemie übrig bleibt? Wenn es bis jetzt nicht gelungen ist, im Zusammenhang mit diesem Textabschnitt etwas Provokatives loszutreten, will ich es am Schluss nicht gänzlich ausschließen: In buddhistischer (tantrischer) Logik ist eine solche Grenze wohl eher beim Fellgerben und beim Kriegshandwerk überschritten als in der Lebenswelt der Sexualität. Denn im Fall I und II geht es um das Töten von fühlenden Wesen, im Fall III zumeist eher um das Gegenteil. Wie es in anderen eigenen religiösen und zivilisatorischen Traditionen steht, soll der Leser selbst beantworten.

33 Das Ziel ist das Ziel

> Um einen Pfeil gerade zu machen, schließt du ein Auge, um genau zu sein. Wenn du in gleicher Weise in aufrichtiger und voll konzentrierter Praxis keinen Blick abwendest, findet er schnell seinen Zielpunkt.
>
> SHŌKŌ

Shōkō spricht nicht von der zen-buddhistischen *Kunst* des Bogenschießens (Herrigel), sondern bleibt im doppelten Bereich *handwerklicher* Erfahrung: wie man einen Pfeil gerade schnitzt, und was man dazu beitragen kann, dass er ins Ziel trifft. All das stammt aus der Welt der Holzverarbeitung, der Jagd und des Kampfes auf Leben und Tod, nicht aus religiöser Praxis. Es fände sich aber wohl kaum in dieser Textsammlung, wenn es nicht für übertragbar gehalten würde auf shin-buddhistische Übungswege. Das heißt: Es gibt eine religiös körperliche und mental ganzheitliche Praxis, die handwerklichen Fähigkeiten und Erfahrungen entspricht. Bei Manfred Josuttis *ist* Religion ein Handwerk wie jedes andere.

Thema von # 33 ist die Ausrichtung auf ein Ziel, deren Technik, deren Vor- und Nachteile, wird sie ausschließlich betrieben, im Kommentar zu # 7 erörtert wurden.

34 Energiebilanz

> Wenn Menschen, die andauernd und tief mit der Geburt im Reinen Land befasst waren, den Eindruck haben, dass sich ihre Praxis rückläufig entwickelt, sollten sie in Erwägung ziehen, dass sich die Zeit des Todes nähert.
>
> SHŌKŌ

Das Thema von # 9 wird hier und im folgenden Textabschnitt fortgesetzt. Wurde dort dazu ermutigt, auch und gerade in Todesnähe das *nembutsu* aufrechtzuerhalten, kommt hier in den Blick, dass solche Praxis unabänderlich energieloser werden kann. Gegen alle guten und aufmunternden Ratschläge meldet sich ungetrübte Realitätswahrnehmung zu Worte. Auch gegenüber einer solchen Entwicklung religiöser Praxis in Todesnähe darf man die Augen nicht verschließen. Sie hat diagnostischen Wert.

35 Fahrlässig asketisch

Hōren von Jōdodani ließ nicht nur seinen Vorrat schrumpfen; seine Morgenmahlzeit war kaum mehr als eine Formalität, und in seiner religiösen Andacht für die Geburt in das Land der Seligkeit wurde sie gänzlich vergessen. Es ging weit über das Normale hinaus. Wenn das *nembutsu* in sein Herz eintrat, während er sein Essen zubereitete, sah das Resultat weder gedämpftem Reis noch einem Brei ähnlich. Nach einigen Jahren begann sein Gesicht Tag für Tag ausgezehrter zu werden, und seine Körperkraft schwand dahin. Freunden, die sich nach ihm erkundigten, antwortete er:

„Wenn nur der einzige Weg,
der zum Westen führt,
sicher ist,
dann lasst meinen Körper
Haut und Knochen sein."

„In den letzten Jahrzehnten ist das Interesse an Hungerkünstlern sehr zurückgegangen. Während es sich früher lohnte, große derartige Vorführungen in eigener Regie zu veranstalten, ist dies heute völlig unmöglich", schrieb Kafka in seiner Erzählung „Ein Hungerkünstler" schon 1921/22 (Kafka 175). Aber in unserer Textsammlung sieht es so aus, als bekämen Hungerkünstler, krasse Asketen, religiöse Exoten doch noch bzw. endlich ihren Auftritt.

Hōren von Jōdodani ist jedenfalls eine extreme Existenz. Was für ein Charakter wird hier in wenigen Sätzen geschildert?! Ein Künstler ist er eigentlich nicht, auch kein Handwerker. Er scheint auch kein Kostverächter zu sein. Er bereitet sich ja Essen zu. Auch teilt er augenscheinlich nicht das Schicksal des Kafkaschen Hungerkünstlers, dem das Hungern darum so leicht fällt, weil er „nicht die Speise finden konnte, die ihm schmeckt. Hätte ich sie gefunden, glaube mir, ich hätte kein Aufsehen gemacht und mich vollgegessen wie du und alle" (Kafka 185). Hōren von Jōdodani lebt in seiner Welt des *nem-*

butsu. Und alles andere gerät oder missrät, geht weiter oder fällt dahin, erschlafft, bleicht aus. Ihm gelingt poetisch gerade noch ein Fünfzeiler an die fragenden Freunde.

Wohl gemerkt: Hōren von Jōdodani inszeniert nichts, erst recht lässt er sich nicht – wie der Hungerkünstler bei Kafka – von einem Impressario ausstellen. Er legt es nicht darauf an. Er hat nicht zwei Ziele – die Geburt in das Reine Land *und* die Askese – oder die religionshandwerklich aktive Strategie, das eine Ziel durch das andere zu erreichen: durch die Hungerkur ins Land der Seligen. Man könnte sagen, er sei geradezu fahrlässig asketisch. Das Abblättern geschieht einfach. Es kommt über seine bloße Existenz – ganz so, wie das *nembutsu* nicht von ihm produziert wird, sondern „in sein Herz eintritt". Hōren von Jōdodani ist Medium. Hier herrschen Passivität und Passion auf der ganzen Linie. Kein Kampf und kein Spiel, um das Leben zu erhalten. Auch kein religiöses Ringen. Wie gesagt: eine extreme Existenz.

Buddhistisch ist das insgesamt grenzwertig, wenn nicht schon lange jenseits der Grenzen. Hōren von Jōdodani geht weit über das Normale hinaus. Was er lebt, ist „e-norm". Buddha hatte nach vergleichbaren Extremen den mittleren Weg gefunden und gelehrt; und auch in unserer Textsammlung finden sich Sätze, die einer derartigen Lebensführung deutlich widersprechen. Trotzdem und gerade so: Das Kurzporträt von Hōren von Jōdodani hat einen Platz in der Hijiri-Bildergalerie.

36 Wie die Liebe „tickt"

> Kyōbutsu-bō sagte: „Ich erzählte Myōhen, dass mich ein Gedicht dazu befähigt hat, das Dharma-Tor des *nembutsu* zu erfassen." „Das kann ich durchaus anerkennen", antwortete er. Und hier das Gedicht:
>
> Du musst einfach vertrauen.
> Wenn Täuschungen
> sich anhäufen sollten,
> dann sei auf der Hut.

Noch ein Gedicht, diesmal ein zeitgenössisches Liebesgedicht aus einer Kaiserlichen Textsammlung (1223), also Kunst (nicht Gebrauchslyrik wie in # 35). Ein Mann ermuntert seine Frau, sich im Vertrauen nicht irre machen zu lassen (Hirota 17). Das Thema scheint unerschütterliches Vertrauen zu sein – selbst dann, wenn sich Zweifel, Gerüchte, Verdachtsmomente auftürmen. Da hilft nur Abstand. Gehe auf Distanz! Kyōbutsu-bō ist wohl kaum an der Schönheit dieses Gedichts – im Japanischen mit 5-7-5-7-7 Silben – interessiert, sondern nur an der Botschaft, die ein bekanntes Diktum Lenins auf den Kopf stellt: Kontrolle kann zerstörerisch sein. Vertrauen ist das einzig Richtige. Finde dahin zurück, wenn du abgeirrt bist!

Kyōbutsu-bō hat verstanden, wie das *nembutsu* „tickt", nachdem und weil er über eine poetisch ver-dichtete Formulierung verstanden hat, wie Liebe „tickt". Grenzenloses unerschütterliches Vertrauen auf das Versprechen Buddha Amidas entspricht einem radikalen Vertrauen in der Liebe zwischen Ich und Du. An beiden muss man festhalten, zu beiden muss man zurückfinden, wenn sie ins Schwanken kommen.

Warum dieser Umweg? Der Lehrer Myōhen stimmt zu. Er unterstützt den erst einmal gar nicht selbstverständlichen Entdeckungszusammenhang. Ein Stück Kunst hat die essenzielle Botschaft der Religion zugänglich gemacht. Im Mahāyāna-

Buddhismus gibt es viele „geschickte Mittel" (jap.: *hoben*), um Menschen auf den rechten Weg zu bringen. Kunst ist eines davon – auch wenn die Kunst als Kunst dabei gar nicht interessiert.

Ob diese Pointe auch neuzeitlich und europäisch wichtig sein könnte? Auch hier und heute gilt, dass in verschiedenen künstlerischen Medien etwas aus der spirituellen Tradition zum Ausdruck kommen, ein Funke überspringen kann. Manchmal lässt sich über die Sprachen der Kunst etwas verstehen, was in der religiösen Sprache verbraucht, zum Klischee geworden oder schon lange verstummt ist. Wie schwer z. B. tun sich Prediger oft mit einer lebensfrischen Übersetzung des berühmten „hohen Liedes der Liebe" des Apostels Paulus im 13. Kapitel des 1. Korintherbriefes. Und wie frei ließe sich auch diese christliche Botschaft sprechen, wenn sie zur Schönheit und zur Wahrheit moderner Liebeslyrik einen besseren Kontakt hätte. Folgt ein kleiner alphabetischer Katalog:

The Beatles: All you need is love
Heinz Kahlau: Du. Liebesgedichte
Pablo Neruda: Liebesgedichte
Cat Stevens: How can I tell you

37 Lerngrenze

Lerne nicht, die drei wesentlichen Haltungen so zu lernen, als ob daraus schließlich ein Besitz werden könnte.

KYŌBUTSU

Wir leben in einer Lern- und Wissensgesellschaft. Es gilt: lebenslänglich lernen, einüben, speichern, umformatieren, neu lernen. Konzeptualisierungen von Intelligenz haben Konjunktur. Und um die Vorherrschaft nicht zu riskieren, werden solche Modelle um kreative, emotionale und manche andere Intelligenzen erweitert. Auf der Werbefläche eines Transportunternehmers las ich kürzlich etwas von „logistischer Intelligenz".

Grenzen intelligenten Studierens werden in dieser Textsammlung immer wieder thematisiert. Hier geht es um einen Elementarbereich. In # 28 war bereits von den drei Grundhaltungen die Rede, in Kurzfassung: Ernsthaftigkeit, Vertrauen und das Verlangen der Hingeburt ins Reine Land. Nach Kyōbutsu handelt es sich dabei um Größen, die sich in keinem Fall durch bestimmte Lernschritte verlässlich wie ein Besitz, auf den man zurückgreifen kann, aneignen lassen. Der Mensch lebt und entwickelt sich nicht allein durch ordentliche Lernprozesse, in denen immer klar ist, was Lerninhalt und Lernziel ist, und wie der Lernvorgang zu organisieren ist. Neben steuerbaren aktiven Bildungsprozessen gibt es mediale und passive Existenzvollzüge. Im Shin-Buddhismus gilt: Bevor ich rufe, höre ich den Ruf. Bevor ich selbst ganz zentriert bin, bevor ich mich einer anderen Macht vertrauensvoll überlasse, bevor ich die Sehnsucht nach Transzendenz spüre, ist alles schon da.

38 Buddhistische Aufstellungsarbeit

> Du magst mit allen achtzigtausend buddhistischen Lehren vertraut sein, aber als einer, der unter der Bedingung menschlicher Narrheit lebt, bist du immer noch dem Irrtum ausgeliefert. Alles, was unter kritischer Betrachtungsweise wichtig ist, ist der Gedanke „Buddha, rette mich!"
>
> KYŌBUTSU

Ich stelle mir eine spirituell systemische Aufstellungsarbeit im Stile von Matthias Varga von Kibéd und Siegfried Essen vor. Das ist eine analytische Theatertechnik, in der die Grundgrößen eines Textes – Personen, Begriffe, Wortformen jeder Art –

Positionen zueinander finden sollen, so dass, wo immer möglich, am Ende alle ihren „guten Platz im Ganzen“ gefunden haben. Es geht alleine um Stellungen zueinander im Raum, nicht um Pantomimen, nicht um szenische Arbeit, kaum um Sprache. In unserem Textabschnitt wähle ich als Grundgrößen, die ich aufstelle, aus:

- die achtzigtausend buddhistischen Lehren
- die menschliche Narrheit (Irrtum)
- und das „Buddha, rette mich!“

Nach meiner Fantasie würde die Person, die „Buddhas Lehren“ repräsentiert, einen großen Kreis ausschreiten und zwar mit der Tendenz, den ganzen Raum zu erfüllen und zu bestimmen. Und dabei käme ihr die menschliche „Narrheit“ dauernd in die Quere und hätte vergleichbare raumgreifende Ansprüche, weil der „Irrtum“ (wie man auch übersetzen kann) auch da, wo „die buddhistischen Lehren“ erfolgreich durchgedrungen sind, nicht zur Seite gedrängt oder gar ganz beseitigt werden kann. Das ist die Situation, in der das “Buddha, rette mich!“ seinen „guten Platz im Ganzen“ finden muss. Wird dieser Ruf die beiden anderen Größen von der Spielfläche abdrängen und den Raum für sich alleine beanspruchen? Wo bleiben dann im Ganzen die „achtzigtausend buddhistischen Lehren“ und die andauernde „Narrheit“? Stellte ein Buddhist mit dem ihm eigenen Sinn für die Realität *und* für die Befreiung die drei Größen auf, könnte ich mir vorstellen, dass schließlich die „Lehren“ und der „Irrtum“ in weitester Polarität mit vergleichbaren universalen Herrschafts- und Wahrheitsansprüchen einander gegenüberstünden. „Buddha, rette mich“ aber durchschritte dieses Spannungsfeld liturgisch streng, vielleicht sogar tänzerisch leicht und verharrte zuletzt in der Mitte.

Geht es darum, den guten Platz im Ganzen zu finden, ist *meine* Lösung: Das „Buddha, rette mich!“ ist das Ganze selbst; und die „Lehren“ und die „Narrheit“ behalten vollen Realitätsanspruch. Die Weisheit der Lehre und menschliche Narrheit haben ein miteinander vergleichbares Gewicht. Und in dieser

Welt wird es der einen nicht gelingen, die andere einzuholen oder zu besiegen. So weit meine Fantasie. Sie ersetzt keine real spirituelle Aufstellungsarbeit, denn erst im Zusammenspiel mit anderen wird man im Prozess selbst sehen, auf welchem Weg was dabei herauskommt. Eine Aufstellung, eine gelungene Zuordnung, steht also aus – beim Autor dieses Kommentars, bei seinen Lesern und – noch viel wichtiger – im Leben!

39

Es ist unvorstellbar, dass bei Myōhen oder Myōzen die Sehnsucht nach dem Erwachen einfach so gekommen ist. Sie hatten fortwährend damit zu kämpfen, ihre wahnhaften Gedanken mittels der Wahrheit des Weges, wie die Dinge sich wirklich verhalten, zu bändigen. Niemals die Wahrheit aus dem Blick zu verlieren, könnte man demnach den Geist nennen, der Sehnsucht nach dem Weg hat. Eine Praxis hin auf die Geburt ist nur dann möglich, wenn dieser Geist robust und unerschütterlich ist. Weil alles, was man sich vorstellen kann, immer nur wieder als Hindernis dient, wie könnte einer mit einem unschlüssigen Geist durchhalten? Leute, die nicht an der Wahrheit festzuhalten vermögen, wie es die volle Hingabe an ihre Herzen verlangt, kommen schließlich dahin, dass sie kaum einen Gedanken für die Welt-danach übrig haben. Die Wahrheit vergeblich mit sich herumzuschleppen – daran zu scheitern, es bis zum Ende durchzubringen – ist das größte Hindernis für die Geburt.

Ob du nun ein weltliches Leben führst oder diese Welt überschreiten willst, schließlich ist allein der Tod die eine große Angelegenheit. Mach dir einfach klar: „Wenn die Zeit kommt, so sei es", und alle bedrückende Anliegen werden verschwinden. Dass so viele Hindernisse entstehen, liegt daran, dass du deine Existenz so wertschätzt und dich ans Leben klammerst. Wenn für dich einfach klar ist, dass der Tod – wiewohl mit Ungemach verbunden – eigentlich ein Grund zur Freude ist, wirst du dazu fähig sein, allen Schwierigkeiten mit Ruhe gegenüberzutreten. Wenn du dich also ernsthaft nach der Welt-danach sehnst, richte unter allen Umständen die Wahrheit für dich selbst auf und kapituliere nicht dem Herzen gegenüber. Überlasse deinen Geist und deinen Verstand nicht den Dingen dieser samsarischen Welt.

KYŌBUTSU

Im ersten Abschnitt denkt ein Schüler über die Wege des Suchens und Findens seiner Lehrer nach. Das Interesse dabei ist doch wohl, etwas für sich und andere zu lernen. Im zweiten Teil des Textblocks wird der Hörer bzw. der Leser direkt mit „du" angesprochen. Die Themen, die hier verhandelt werden, sind inzwischen vertraut, ihre Bearbeitung kaum überraschend. Das Ganze ist eine kleine religiöse Rede, die – wie auch weitere Passagen – kommentarlos so stehen bleiben soll.

40 Mausgrau brilliant

Kyōbutsu-bō sagte: „Wenn die Einsiedler dieser Zeit den Haarknoten, den sie im weltlichen Leben getragen haben, abschneiden, werden sie hervorragende Gelehrte und Prediger. Sie gehen zum Berg Kōya und werden glänzende Shingon-Meister und bedeutende Ausleger der Kommentare. Oder sie erwerben eine geschickte Hand für Sanskrit und Schriftzeichen im Chinesischen, obwohl sie anfänglich vielleicht nicht einmal dazu fähig waren, das Silbenzeichen *shi* mit einer angemessenen Biegung zu schreiben. Aber äußerst selten sieht man einen, dessen Abscheu vor der samsarischen Existenz tiefer gegründet ist oder der ganz mit der Praxis beschäftigt ist, die Welt-danach zu erlangen. Nachdem sie ihren Haarknoten abgeschnitten haben, scheinen sie zunächst entschlossen, in keinem Fall von Ehrgeiz besessen zu sein, aber dann haben sie Gedanken hervorgebracht, die von heftiger Anhaftung an das Selbst und von dem Bemühen um Ansehen getrieben sind.

Bis zu dem Zeitpunkt, als ich die Welt aufgab, wurde uns allen gelehrt: Da Abkehr von der Welt bedeutet, alles, was wir besaßen, aufzugeben, war weiterhin mehr und anderes zu suchen unentschuldbar. Wir entschlossen uns darum dazu, keine säkulare oder religiöse Tätigkeit aufzunehmen, die zu einer fortbestehenden Anhaftung an die samsarische Welt und zu einem Hindernis für die Geburt werden könnte – obwohl es ja positiv bedeuten könnte, Künste und Handfertigkeiten des weltlichen Lebens zu beherrschen. Das schloss alle Arten von Kenntnissen ein, ob sie nun in Reichweite oder in der Ferne lagen, unabhängig von ihrem Charakter. Obwohl ich also lange in Ōhara und auf dem Berg Kōya war, lernte ich nicht einmal die Melodie eines Gesangs oder einen einzigen Sanskrit-Buchstaben."

So sprach er. Um die Welt-danach zu erreichen, ist es nach allem für uns am besten, einfach durch dieses Leben stetig hindurchzureisen.

In der ersten Hälfte des Textabschnitts spricht Kyōbutsu-bō von den anderen, in der zweiten Hälfte von „ich" und von „ihr". Dabei handelt es sich um ein strenges unauflösbares Gegenüber, obwohl beide Gruppierungen den gleichen Ausgangspunkt haben. Beide haben die Welt aufgegeben, beide das Haar geschoren. Aber die anderen machen buddhistische Karrieren als Lehrer und Prediger, während Kyōbutsu-bō und sein „wir" *alle* weltlichen und auch *alle* religiösen Beschäftigungen aufgegeben haben, um an *nichts* mehr anzuhaften, auch nicht an religiösen Studien oder Praktiken wie verschiedenen kultischen Gesängen. Seine Parole, wie sie am Schluss genannt wird, heißt: einfach weitergehen und hindurchgehen, ohne nach rechts oder links zu schauen.

Kyōbutsu-bō ist streng mit sich und den anderen, asketisch, äußerst distanziert – nicht nur gegenüber der Welt, sondern auch gegenüber der Welt der Religion. Für ihn kommen die Idee und die Praxis einer Religionskultur gar nicht erst in den Blick. Als ob es nicht sinnvoll sein könnte, sich zugunsten der Klarheit und Reinheit der eigenen religiösen Praxis mit deren Tradition, mit den sprachlichen, rituellen und lehrhaften Überlieferungen zu beschäftigen! Nein, sagt Kyōbutsu-bō, Anhaftung ist Anhaftung. Aber auch hier muss man wieder ganz genau lesen: Er thematisiert gar nicht den Sinn und die Grenzen religiöser Studienarbeit. Er unterstellt nicht nur, er behauptet, gesehen zu haben, dass „Akademiker" bei solchen Tätigkeiten ehrgeizig werden, sich um Ruhm und Ansehen bemühen und so gar nicht in der Gefahr sind, an der Tradition anzuhaften, sondern an ihrem Selbst. Das Ziel kommt aus dem Blick, wird nicht durch die Eigendynamik des Studierens, sondern durch die Eitelkeiten der Studierenden pervertiert.

Ich wünschte mir, dass ein westlicher Kyōbutsu-bō im 21. Jahrhundert auch und mehr noch auf die oft gänzlich uneitlen Fallen, in die akademisch Hauptbeschäftigte geraten können, hinwiese und nicht zu schnell psychologisierte. Der Lebensbezug zur Sache und zu ihrem Ziel kann auch durch selbstlose Arbeit in Elfenbeintürmen oder verstaubten Labyrinthen, durch immer komplexer werdende Studien-, Prüfungs- und Verwaltungsordnungen abhanden kommen. Die meisten Akademiker sind keine hysterischen Selbstdarsteller, manche von ihnen allenfalls mausgrau brilliant oder gänzlich unauffällig bis schüchtern. Aber ihre Anhaftungen sind dadurch nicht weniger stark und für die Sache und für sie selbst nicht weniger abträglich.

41 Situativ und wunsch-frei

Gewöhne dir als Einsiedler an, nach den jeweiligen Umständen zu handeln und keinen Wunsch nach etwas zu verspüren, was dir fehlt.

KYŌBUTSU

Was schon lange gilt, gilt auch hier: Bei der Lektüre überlagern sich zwei Fragen:

- Was sollte ein Einsiedler durch dieses Überlieferungsgut lernen?
- Was könnten Leser, die keine Einsiedler sind, von einem Einsiedler lernen?

Beide Personenkreise müssen auf ihre Weise mit dem doppelten Ratschlag umgehen, situationsgemäß zu handeln und Wünsche zurückzufahren. Beide Ratschläge sind konkret und pragmatisch, nicht weiter begründet. Man folgt ihnen, oder man folgt ihnen nicht. Positive oder negative Folgen werden nicht genannt, Lohn oder Bestrafung nicht in Aussicht gestellt. Erst recht werden keine Prinzipien oder Ideale aufgestellt. Von Armut ist nicht die Rede, sondern nur von situationsgemäßem, den Umständen entsprechendem Handeln.

Wobei ein Einsiedler eben in einer anderen Situation lebt als ein Leser, der von außen kommt und außen bleibt – an einem anderen Ort, in einer anderen Zeit. Ein Einsiedler ist gewöhnlich viel selbstverständlicher und auch unabwendbarer von der Situation, in die er sich hineinbegeben hat, bestimmt und von ihr total abhängig. Verändert sie sich – durch Wetterumschlag, Lebensmittelreichtum oder -knappheit, Krankheit oder Alter – wird er sich entsprechend arrangieren. Ein Nichteinsiedler wird sehr viel mehr versuchen, unglückliche Umstände zu vermeiden, sie zu verändern, sich gegen Kälte, Hunger, Krankheit und Tod abzusichern. Beide handeln nach den jeweiligen Umständen, aber der eine passt sich ihnen weitgehend an, der andere versucht, die Umstände so zu verändern, dass sie sich ihm anpassen. Das hat natürlich – spätestens angesichts des Todes – seine Grenzen. Aber auch über viele andere Formen innerer und äußerer Lebenseinschränkungen hat der Nicht-Einsiedler keine vollständige Kontrolle und keine Möglichkeiten der Gegensteuerung. Insofern ist auch er immer wieder zur realistischen Situationseinschätzung gezwungen und kann darin vom Einsiedler lernen.

In diesem Zusammenhang verstehe ich auch die Absage an eine Kontaktaufnahme mit Wünschen nach dem, was fehlt. Wer wirklich in der jeweiligen Gegenwart mit ihren Möglichkeiten und Unmöglichkeiten lebt, den müssen keine Wünsche, die aus ihr heraus oder über sie hinweg führen, beschäftigen. Vielleicht vermag er nicht gänzlich wunsch-los leben. Wünsche werden sich lebenslang melden. Er soll ihnen aber nicht nachspüren, ihnen keinen Raum geben. In sofern könnte er mehr und mehr lernen, wunsch-distanziert, wunsch-frei zu leben. Auch hier gilt, dass dies einem Nicht-einsiedler viel schwerer gelingt als einem Einsiedler, lebt er doch in einer Wolke von Wünschen, die er selber hat, die ihm aufgedrängt werden und deren Erfüllung oft so nahe zu liegen scheint.

Drei Trainingsfragen am Schluss:

Was fehlt mir?

Wie könnte ich es mir besorgen?

Was passierte, wenn ich darauf verzichtete?

42 Von der Unbeständigkeit

Kyōbutsu-bō sagte: „Anzuhaften an den Behältnissen, in denen man etwas aufbewahrt, oder an seinem Tragebeutel, heißt zunächst einmal: aus dem Blick zu verlieren, wozu du solche Dinge gebrauchst. Mach dir in deinem Herzen ernsthaft klar: Dieses Leben ist eine Unterkunft für eine Nacht, diese Welt nichts anderes als Traum und Illusion. So lass es sein, wie es sein mag.

Als Mittel, um deine Existenz leicht zu nehmen und hinzustreben nach der Welt-danach, sollte dir sehr genau bewusst werden, dass lebendig zu sein eine Angelegenheit nur von diesem Tag, allein von diesem gegenwärtigen Moment ist. Mache dir das klar, und was jetzt noch kaum erträglich ist, kann leicht getragen werden. Deine Bemühungen für die Welt-danach werden furchtlos sein. Stellst du dir nur gelegentlich vor, dass dein Leben lang sein wird, werden die Dinge dieser Welt an Bedeutung zunehmen, und alle jene Anliegen, die nicht mit der Sehnsucht nach Erleuchtung verbunden sind, werden hervortreten.

Seit mehr als dreißig Jahren habe ich mir diese Wahrheit der Unbeständigkeit zu Hilfe genommen. Und bis zum heutigen Tag habe ich keinen Fehler gemacht. In Bezug auf die Zukunft habe ich immer nur bis zum Jahresende geschaut und die Möglichkeit nicht aus dem Auge verloren, dass ich bis dahin sterben könnte. Aber ich habe niemals über das Leben in das nächste Jahr hinein nachgesonnen. Jetzt bin ich alt. In allen Dingen denke ich nur in Bezug auf heute. Letztlich ist der Schlüssel zur Befreiung, seinen Geist und Verstand auf die Unbeständigkeit zu richten.

Selbst für einen, der unbeschwert durch alltägliche Bedürfnisse lebt, ist es äußerst schwierig, mit Frieden im Geist nach der Welt-danach zu streben. Eine wirkungsvolle Praxis ist darum überhaupt nicht mit der Bereitstellung oder dem Fehlen von Vorräten und Vorsorge beschäftigt, sondern einfach mit dem Streben. Entsprechend ist mein eigenes Verlangen nach solcher Vorsorge schon vor langer Zeit abgeebbt. Allein entscheidend ist, die Welt-danach zu erreichen.

Es ist möglich, dadurch zurechtzukommen, dass man sein Leben so natürlich, wie es kommt, lebt. ‚Abgesehen von der Befreiung von der samsarischen Existenz, lass alle Dinge so sein, wie sie sein mögen!' In solcher Distanziertheit lebt derjenige, der sich nach der Geburt sehnt. Die Sehnsucht nach der Freilassung zu erwecken, wie schwach sie auch sein mag, ist die wirkliche und ernsthafte Ehrerbietung gegenüber dem Buddha, und sie wird in wirklicher Übereinstimmung mit dem Buddha-Geist vollzogen. Denn für diesen menschlichen Körper, der mit Wünschen besetzt ist, gibt es keine Freiheit von den Notwendigkeiten des Lebens, entsprechend werde ich mit Papierkleidung und ähnlichen Dingen, die mir in die Hände fallen, mit meinem Leben fertig. Aber solche Angelegenheiten so zu behandeln, als seien sie bedeutungsvoll, und sie auf eine Stufe mit meiner Praxis für die Welt-danach zu setzen, wäre der letzte Wahnwitz.

Wenn in alten Zeiten Menschen ihr weltliches Leben wegwarfen, lebten sie in der Reinheit und Einfachheit des Herzens. Heutzutage wird Einsiedelei nur unzureichend verstanden, vielmehr werden Menschen durch sie im Geist verdorben.

Selbst wenn einer, der sich nach der Welt-danach sehnt, Holz hackt und Wasser schöpft, sollte es das Holzhacken und das Wasserschöpfen von einem sein, der an die Geburt denkt.

Wohin ich auch schaue, stoße ich nur auf die Ungewissheit der Welt und das Dahinschwinden meiner Existenz in ihr. Entsprechend fühle ich mein Leben in großer Gefährdung, auch wenn es sich nur um einen alltäglichen Störfall handelt. Aber ihr Mönche zeigt nicht das geringste Anzeichen dafür, dass ihr bewusst seid, selbst wenn ihr mit wirklicher Gefahr konfrontiert seid. Wie wenig betroffen erscheint ihr, wenn ich euch bei euren täglichen Tätigkeiten sehe. Die zentrale Frage im Hinblick auf die Wirklichkeit der Unbeständigkeit ist nicht, wie man sie zum Ausdruck bringen sollte. Das kann nur getan werden, wenn du es wenigstens in einem gewissen Maß zu Herzen genommen hast.

Die, die nach der Welt-danach suchen, leben mit dem Gedanken, dass sie auf einer Reise sind. Auch wenn du bis zu den Grenzen der Wolken oder des Meeres reist: Solange du eine physische Existenz hast, schaffst du es nicht ohne die lebensnotwendigen Güter von Essen, Kleidung und Unterkunft. Aber ob du von ihnen abhängig bist oder nicht, macht den Unterschied aus. Wenn du dir dauernd bewusst bist, dass du nur die Unterkunft für eine Nacht hast, keine andauernde bleibende Wohnstätte, kann dich nichts behindern am *nembutsu*-Sagen.

‚Diese Existenz hätte als ein Körper, der beiseite ins Feld geworfen wurde, sinnlos sein Ende gefunden, aber diese Existenz um der Befreiung willen losgelassen und dabei Kälte, Hitze und Krankheit ausgehalten zu haben: Das wird die Erinnerung an eine reich gesegnete Lebenszeit sein!' – Wie selten sind Menschen, die sich so freuen.

Ob für Paria-Mönche das Lernen wertlos ist, ist eine Frage des Ausmaßes. Wer entsprechende Fähigkeiten hat, sollte gelegentlich auf grundlegende Art und Weise in Genshins Schrift *Sammlung des für die Hingeburt Wesentlichen* schauen und dabei einen Blick auf die konkreten Beschreibungen der Vergänglichkeit der samsarischen Existenz, auf die Glückseligkeit im Reinen Land, die durch das *nembutsu* erlangt wird, und auf anderes mehr werfen. Daher erklärte der ehrwürdige Myōhen: ‚Für eine Person des *nembutsu* ist es lächerlich, nicht zu wissen, was die zehn Freuden des Reinen Landes sind.'

Aber du solltest dich niemals um eine vollständige Beherrschung oder um ein luzides Verstehen jeden einzelnen Wortes oder Satzes nur darum abmühen, weil Studieren anempfohlen wird. Beim Lesen des Textes reicht es, ohne zu viel Anstrengung die Kernaussage zu erfassen und überhaupt die wichtigsten Passagen zu erkunden. Wenn du mit dieser bewährten Methode umzugehen gelernt hast, wirst du niemals von der Art des Lernens abkommen, dessen fundamentale Absicht es ist, uns zu ermutigen, die Welt-danach zu erlangen.

Selbst wenn du nur bis zu diesem Ausmaß studierst und dabei merkst, dass dein Haften an dir selbst oder die Besorgnis um Ansehen zunehmen, solltest du entschlossen aufhören. Medizin zu Gift zu machen, ist völlig verrückt. Andererseits: Wenn du merkst, dass du durch dein Verständnis auch nur eines einzigen Ausspruchs oder Satzes ernsthafter im Sagen des *nembutsu* bist oder dass dein Bestreben nach der Geburt gestärkt wird oder wenn du ein frisches Gefühl der Dringlichkeit in dir aufsteigen fühlst, solltest du wirklich die Heiligen Worte von Zeit zu Zeit lesen.

Wessen natürliche Fähigkeiten dagegen spärlich sind, der sollte noch ohne dieses Ausmaß des Lernens mit Ernsthaftigkeit lediglich den Namen sagen. Wenn du dich in der Praxis mit aufrichtigem Herzen und Verstand bemühst, wirst du niemals von der grundlegenden Absicht des Lernens abkommen. Der Geist des Glaubens – der Geist, der sich nach Erleuchtung sehnt – wird von selbst entstehen, wenn du praktizierst.

Studiere die Lehre, die zu der Welt-danach führt, unter einem Menschen, der sich selbst danach sehnt. Wo eine solche Sehnsucht nicht mit im Spiel ist, kann Lernen für andere abträglich sein. Es gibt den Ausspruch: „Nur eine Schlange kennt den Geist einer Schlange." Entsprechend wird die Welt-danach nur von einem Menschen, der eine solche Sehnsucht hat, verstanden. Selbst wenn es deinem Geist nicht direkt schadet, vermeide es sorgfältig, irgendetwas zu besitzen, das in anderen Gier fördern könnte."

Dieser Textblock mit Aussprüchen von Kyōbutsu-bō ist eine ungewöhnlich lange Passage im Gesamtgefüge mit mindestens zehn Unterabschnitten. Gibt es durchgängige Themen oder Leitmotive?

Ein Hauptpunkt scheint mir das Dahinschwinden menschlicher Existenz in der völligen Unbeständigkeit von allem zu sein. Alles geht zügig vorüber. Das ganze Leben ist eine „Unterkunft für eine Nacht", die Welt nur Traum und Illusion. Darum zählt bei allen Dingen allein der Gebrauchswert, nicht der Tauschwert und erst recht nicht irgendein Eigentumsverhältnis und ein damit verbundenes Prestige.

Wo unter solcher Gesamtperspektive das „heute" in den Blick rückt, ist es nicht als der Moment verstanden, in dem – mystisch und auch zen-buddhistisch – eine andere Zeit und und eine andere Welt einbrechen können. Sondern die wesentliche Qualität von Zeit besteht darin, dass sie vergeht und alles, auch das Unerträgliche, mit sich reißt. Alles ist ausgerichtet auf die Perspektive nach vorn, über das hinaus und ohne das, was hier und heute Leben *und* Tod ist. Am deutlichsten mag das bei der Erwähnung der zehn Freuden des Reinen Landes sein. Wenn sonst auch Skepsis gegenüber allem Wissen und Studieren vorherrscht – hier geht es darum, Erwartungen auf das Kommende aufzubauen. Zu ihnen gehören die Begrüßung durch Amida und durch viele Bodhisattvas und die Belehrung durch sie, der Empfang neuer Kräfte, Freude ohne Ende und die Erlangung eigener Buddhaschaft. (Hirota 25)

Der Textblock, der so abweisend gegenüber allen weltlichen Dingen ist, lenkt nicht nur überraschenderweise in Bezug auf das Studieren ein, sondern gewinnt der Ausgesetztheit der gegenwärtigen Existenz im drittletzten Abschnitt den Aspekt einer „reich gesegneten Lebenszeit" ab. Dieser Gedanke ist wohl nicht leicht nachzuvollziehen, darf aber gerade darum nicht einfach überlesen werden. Ich verstehe so: Das, was an sich wertlos ist und fortgeworfen wird, gewinnt Wert und Würde dadurch, dass es der Ausgangs- und Absprungpunkt in die Wertfülle ist. Glanzlos und elend, wie es ist, gerät es doch auf irgendeine Weise in Verbindung zu dem Glanz des Reinen Landes, an dem es nie Anteil hatte und nie Anteil haben wird.

43 Nackte Freiheit

> Diejenigen, die das Leben eines Einsiedlers egal in welcher Form übernehmen und das *nembutsu* im Frieden ihrer Herzen aussprechen wollen, müssen sogar die Hilfsmittel des überweltlichen Dharma aufgeben. In der Vorsorge für das Auskommen in dieser Welt müssen sie sehr zurückhaltend sein. Und sie müssen lernen, in einer Armut von Dingen zu leben. Selbst das einfache Verbergen der Nacktheit und das Durchkommen von Tag zu Tag sollten ihnen – wie es einem Einsiedler gebührt – in einer Weise gelingen, dass ihr Verlangen, frei zu sein, davon nicht berührt bleibt.
>
> KYŌBUTSU

Ein Katalog einsiedlerischer Askese: vom Verzicht auf überweltliche Hilfen bis zum Verzicht auf weltliche Vorsorge jeder Art, auf zivilisatorische Grundausstattung und tägliche Lebensabsicherungen. Sogar die leibliche Schamgrenze verliert ihre Selbstverständlichkeit. Die im asketischen Verzicht angestrebte Freiheit kann sich darin bewähren, dass Armut und Nacktheit nicht schamlos und obszön, wohl aber scham-frei den fremden Blicken nicht ausweicht. Einsiedler leben ihr Leben mit einem anderen Wertekodex als der Rest der Welt. Sie versuchen, soziale Kontrolle und kreatürliche Abhängigkeiten weitgehend zu ignorieren oder sie zu überwinden. Gerade das lenkt die skeptischen, manchmal mitleidigen, manchmal bewundernden, manchmal höhnischen Blicke derer, die anders, abhängiger, unfreier sind, auf sie. Ihre Stärke besteht (auch) darin, in ihrer symbolischen und realen Nacktheit nicht vor Scham in den Boden zu versinken, aber auch nicht mit ihrer Andersheit, ihrer Armut, ihrer Blöße zu kokettieren, sie zur Schau zu stellen.

Religionspsychologen und Psychopathologen kann zu einem derartigen Existenzentwurf vieles, auch viel Kritisches einfallen: Unfähigkeit, die Welt, andere Menschen und sich selbst wirklich zu lieben, sich mit ihnen zu arrangieren, Kompromisse einzugehen, gegenläufige Werte von Freiheit und Abhängigkeit in eine Balance zu bringen. Wie aber, wenn der mönchische Asket all diese kritischen Rückfragen und latenten Abwertungen seiner Art, zu leben, durchaus verstünde und ohne Starrsinn und Gegenstolz mit einem kurzen Satz antwortete: Ich sehne mich doch bloß danach, frei zu sein.

In dieser Textpassage Kyōbutsus ist das Wort „frei" in seiner ganzen Unterbestimmtheit die letzte und einzige, buddhistisch durchaus zu begründende Pointe und provoziert un-freie Leiber und Geister seit zweieinhalbtausend Jahren. „Provokation" hat viele Erscheinungsformen; sie animiert / schockiert / ruft heraus / verunsichert / lädt ein.

44 Zu schön

Kyōbutsu-bō sagte einmal: „Eigentlich lebe ich schon lange mit der Wahrheit, dass der Tod nicht zu fürchten ist. Dadurch gestärkt habe ich herausgefunden, dass ich mich über mich selbst wundere, wenn sich mein Gesundheitszustand auch nur etwas bessert und ich dann denke, dass ich ja noch nicht sterben muss. Darum, Mönche, macht sogar mit den Hoffnungen Schluss, dass es euch wieder besser gehen könnte. Zunächst kann eine solche Reaktion wie eine Lappalie aussehen, aber am Ende kann es zu einem andauernden Anhaften am samsarischen Leben werden. Bleibe mit Wachsamkeit bei einer Abneigung gegenüber diesem Selbst und bleibe im Kontakt mit der Erwartung des Todes.

Die Welt-danach zu erlangen liegt einfach darin, ruhig zu meditieren.

Die alten Krieger der östlichen Provinzen pflegten zu sagen, dass sie ihre Nerven verlören, wenn sie lange in der Hauptstadt blieben. Vergleichsweise macht dies die Weisheit derer deutlich, die

die Welt-danach anstreben. Körperliche Ruhe und Klarheit des Geistes treten erst dann zutage, wenn du noch die geringste Besorgnis um Ruhm und Gewinn gänzlich ausgerottet hast. Viele von denen, die in der Einöde leben, hängen an ihrer Lebensart und meinen, dass ihr Geist rein ist, weil sie die meiste Zeit damit verbringen, in ihrer stillen und geschmackvollen Klausur Verse zu intonieren: Sie betrügen sich selbst."

Wer wirklich frei sein (vgl. # 43) und die Welt-danach erreichen will, den kann der Tod nicht mehr schrecken – im Gegenteil: Er wird erwartet. Selbst-Ermunterungen auf dem Weg der gesundheitlichen Besserung zeigen nur, wie sehr ich noch an diesem Leben hänge. Kyōbutsu-bō spielt darauf an, dass östliche Samurai in der Stadt- und Hofkultur Kyotos ihren Kampfgeist und ihre Entschlossenheit verloren und die Militärmacht daraufhin nach Kamakura verlagert wurde. (Hirota 27)

Alles spricht also für Abstand zu den Standardzielen dieser weltlichen Existenz: Gesundheit / längeres Leben / Ruhm und Gewinn / Ablenkungen jeder Art. Zurück von der Hauptstadt in die Provinzen, in die Einöde und in die Einsamkeit! Und genau dies kann zur nächsten Fixierung werden …

Ästhetisiere ich nämlich meine Weltabkehr, gerate ich in die Gefahr, mich in Selbstwidersprüche zu verstricken. Ich könnte Schöpfer einer eigenen neuen Welt werden.

45 Im Papierkleid

> Hoffnungslos ist der Hijiri, der in einem Kleidungsstück aus Papier sich alle Mühe gibt, die Falten zu glätten.
>
> MYŌHEN

Hier wird Myōhen drastisch – mit einem Schwenk ins Absurde. Der Alltag und sein Realismus bleiben die Ausgangsbasis. Japanisches Papier kann sehr strapazierfähig sein. Wenn Papierbahnen zusammengenäht werden, können daraus Kleidungsstücke entstehen. Als im Zweiten Weltkrieg kein Metall mehr für die Waffenproduktion zur Verfügung stand, experimentierten Japaner mit Ersatzmaterialien jeder Art – auch mit Pappe und Papier, vielschichtig gelackt und verkleistert.

Wenn aber bei solchen Notlösungen die Ästhetik der Luxuskultur gelten soll, die völlig unangemessen ist und gar nicht greifen kann, dann wird es absurd. Der Eindruck glatter faltenloser knitterfreier Kleidung lässt sich mit dem Material Papier nicht verwirklichen. Ein Einsiedler, der hier etwas verschönern und verschlimmbessern will, lebt noch zutiefst in seiner Herkunftswelt mit ihren Standards und Eitelkeiten.

Die Szene, die hier vorgestellt wird, ist krass. Generalisierende Sätze sind in der Gefahr, ihr den Biss, die Ironie, das leicht Absurde zu nehmen. Ich wage es trotzdem: Wer sich für den Weg heraus nicht nur aus dem Luxus, sondern aus allen Standards dieser Welt entschlossen hat, macht sich lächerlich und ist schon gescheitert, wenn er durch Rückgriffe auf Werte der Welt, die er verlassen hat, diesen Entschluss da zu verleugnen versucht, wo er unübersehbar und unrevidierbar ist.

Zurück zu Myōhens Aussage: Das Glätten der Falten ist – leicht symbolisch und psychoanalytisch betrachtet – das Wegstreichen, die Verleugnung des ganzen Existenzentwurfs. Ob den Lesern aktuelle, vergleichbare Absurditäten aus alternativen, sich spirituell gebenden Lebensentwürfen einfallen?

46

Einer fragte Myōhen: „Ist Studieren förderlich, wenn sein einziges Ziel das Erreichen der Welt-danach ist?" Er antwortet: „Zuerst mögen deine Gedanken auf die Welt-danach gerichtet sein, aber später wird es ausschließlich um Ruhm und Besitz gehen."

47 Der Masseneffekt

Myōhen sagte oft: „Persönlich bedaure ich den Tag, an dem ich in diesem Bergkloster zu wohnen begann. Ich stellte mir vor, dass ich nach dem Rückzug aus dem weltlichen Leben über einem Feuer von Zweigen und Gestrüpp Bohnenpaste für meine Mahlzeiten warm machen würde, aber jetzt ist es ziemlich das Gegenteil: Ich bin als ‚Mann des Weges' bekannt geworden und lebe in glänzenden Umständen. Das ist gänzlich im Widerspruch zu meiner ursprünglichen Absicht. Und weil sie mein innerstes Empfinden nicht bemerken, sehen die Leute mein zurückgezogenes Leben und meinen, es sei der Bewunderung wert." Das würde er dann mit einem leicht ironischen Beigeschmack sagen.

Wo alte Widersprüche überwunden sind, tauchen neue auf. Buñuel hat in seinen Filmen immer wieder Priester- und Heiligengestalten gezeigt, deren fromme Sonderwelten und deren religiös karitatives Engagement von der Realität eingeholt werden. Die Mehrheit derer, mit denen die außergewöhnlichen Menschen notgedrungen in einer Welt zusammen leben, torpedieren deren Absichten und führen alles *ad absurdum*. Auch Bergasketen gehören in die Gattung religiöser Projektionsträger, d.h. Menschen, die projizieren, lassen andere ein alternatives Leben leben. Und solange sie andere bewundern, müssen sie sich selbst nicht ändern.

Das hat bei Myōhen eine doppelte Ironie. Einmal ist es der Widerspruch zwischen der Absicht und der Realität, die sich einstellt. Er wollte Rückzug und schafft eine neue Öffentlichkeit. Und zum anderen: Er wird bewundert, obwohl er seine Existenz bestimmt gerade nicht für bewundernswert hält. Also muss man sich noch aus dem Rückzug zurückziehen. Das ist der Moment, wo der Weg – man könnte genauso gut sagen „konsequent" wie „inkonsequent" – zurück auf den Marktplatz zu einem unauffälligen Leben in aller Öffentlichkeit führt (vgl. # 17).

48 Varianten der Reue

> Obwohl ich meine körperlichen und geistigen bösen Handlungen zum Ausdruck bringen und bereuen sollte, vergeude ich meine Zeit mit Eitelkeiten.
>
> GYŌSEN

Die *nembutsu*-Praxis ist nicht das Ende aller Konflikte. Der innere Kampf und die Widersprüche gehen weiter. Obwohl Reue angesagt und angebracht wäre, werden selbstbezogene Handlungen fortgesetzt. Damit wird das Kontingent des falschen Lebens aufgefüllt statt abgebaut. Die Praxis der Reue hechelt der Praxis weiterer zu bereuender Handlungen hinterher.

Interessant sind die Unterschiede zwischen christlicher und buddhistischer Reue, so wie sie in diesem Textabschnitt angesprochen wird. Dabei möchte ich nicht darüber diskutieren, welches Grundkonzept von Reue besser oder schlechter, effektiver, humanistischer oder gar „gesunder" ist. Statt Wertungen geht es mir um klare Unterscheidungen. Katholisch-christlich-klassisch sind die Stationen der Reue im Herzen (lat.: *contritio cordis*), des Sündenbekenntnisses in das Ohr des Priesters (lat.: *confessio oris*), dessen Freispruch (lat.: *absolutio*) und – so weit wie möglich – die Wiedergutmachung durch gute Werke (lat.: *satisfactio operum*).

Buddhistisch bleibt der Vorgang der Reue – jedenfalls in # 48 – weitgehend ein innerer Prozess – ohne priesterlich autoritäre und autoritative Außenstelle, ohne Berücksichtigung der sozialen Lebenswelt oder karmischer Zusammenhänge. Reue ist kein religiös sozialer interaktiver Bearbeitungsprozess, sondern „nur" ein totaler Perspektiv- und Programmwechsel im Bereich innerer bzw. transzendenter Instanzen.

Die Praxis des *nembutsu* macht es möglich, dass dort, wo Eitelkeit war und sich immer wieder zurückmeldet, Name und Wirklichkeit Amida Buddhas Platz greifen. Die „Eitelkeiten" sind nicht *vergeben*. Vielleicht wäre es nicht einmal angemessen, zu sagen, sie seien *vergessen*. Das setzte immer noch menschliche bzw. göttliche Subjekte voraus, die dies bewerkstelligten. Die „Eitelkeiten" sind schlicht verschwunden, nicht mehr vorhanden. Wie schwer und ob dies überhaupt gelingen kann: siehe oben.

49 Ohne Konsequenz

Himmel und Erde dienen keinem praktischen Zweck, aber sie umfassen alles. So verhält es sich mit dem Menschen des Weges. Die höchste Konsequenz liegt darin, einer zu werden, der überhaupt ohne Konsequenz ist.

GYŌSEN

In der Tübinger studentischen Wohngemeinschaft, in der ich zwei Jahre lang lebte, hieß eine Parole: Entweder man lebt, oder man ist konsequent. Der Satz gehörte für uns damals in die anarchistisch herrschafts-freie (nicht Bomben legende) Tradition und wurde sozialistisch abgefedert durch Essays des polnischen marxistischen Philosophen Leszek Kolakowski. In ihnen hieß er gegen alle politisch totalitären und total konsequenten Programme - im Konfliktfeld Liebe und noch im Streitfall „Christ oder Atheist" - die *Inkonsequenz* für gut.

Gyōsen lebt, denkt, äußert sich in einem völlig anderen Zusammenhang und kommt doch zum gleichen Stichwort und zum gleichen Programm: Inkonsequenz. Ohne Konsequenz kann und soll bei ihm der leben, der existenziell nachvollzieht, dass Himmel und Erde *keinem* praktischen Zweck dienen. Das ist für viele Theologen und ihre Theologien wie ein Faustschlag ins Gesicht. „Himmel und Erde", was die Gesamtheit der Welt meint, sind doch geschaffen, damit der Mensch sie in Dankbarkeit Gott gegenüber hege und pflege. Himmel und Erde sollen doch zum Reich Gottes hin reifen – durch welche Verwandlungen, Katastrophen und Weltuntergänge hindurch auch immer. Sie sollen Gott verherrlichen. Alles geschieht – gut jesuitisch – *„ad majorem Dei gloriam"*, zur größeren Ehre Gottes. Und selbst der nüchterne Johannes Calvin scheute sich nicht, von der Welt als dem Theater der Herrlichkeit Gottes (*theatrum gloriae Dei)* zu sprechen (vgl. Moltmann 311–313). Was für Zwecke! Vielleicht wäre Hiob am Ende seines Leidens- und Glücksweges noch am verschwiegensten, wenn er nach dem Zweck von Himmel und Erde gefragt würde. Und weiß Jesus am Kreuz das „wozu", wenn er nach dem „warum" seiner Gottesverlassenheit fragt (Matthäus 27, 46)?

Man stelle sich vor: Himmel und Erde ohne Zweck und Absicht und vermutlich auch ohne warum. Kein Programm. Keine konsequente Entwicklung. Kein Ziel, das man treffen oder verfehlen könnte. Reiner Zufall – und nicht einmal das. Das ist die Stunde der Wette Pascals darüber, ob Gott ist oder nicht. „ … wenn Sie gewinnen, gewinnen Sie alles; wenn Sie verlieren, verlieren Sie nichts. Wetten Sie also ohne zu zögern, dass er ist" (Pascal 41 f.). Aber Gyōsen lässt sich von den berechnenden Erwägungen des neuzeitlichen Europäers nicht beeindrucken. Er setzt nicht darauf, dass vielleicht doch … Was für eine abgründige Freiheit entsteht, wenn man sich auf Gyōsens Fundamentalsatz einlässt!

Wenn Himmel und Erde wirklich keinem praktischen Zweck dienen, ist dann Liebe möglich? Gyōsen spricht nicht von Liebe und auch nicht von Barmherzigkeit, die ja mindestens so inkonsequent wie Liebe ist und buddhistisch im Zentrum aller Affekte und ihrer Wirksphären steht. Wenn aber Wesen und Praxis der Liebe *per definitionem* etwas mit Inkonsequenz zu tun haben, könnten Gyōsen und Kolakowski miteinander ins Gespräch kommen. Ist Liebe aber wirklich inkonsequent? Neid, Hass, Wut und andere emotionale Reaktionen und Verhaltensweisen sind konsequent, d.h. folgerichtige, wenn auch oft unverhältnismäßige Schritte als Reaktion auf den Besitz, die Beleidigung oder die Verletzung eines anderen. Liebe aber, die nicht *mehr* als ein folgerichtiger Schritt ist, ist keine Liebe, sondern steht unter dem Verdacht, ein verdeckter Hilferuf zu sein, eine verrechenbare diakonische Leistung, eine ins Gegenteil verkehrte Aggression: Ich liebe dich, damit ich von dir geliebt werde! Ich habe dich zum Fressen gern.

Also: Wenn überhaupt ein Affekt und sein Handlungsimpuls *nicht* folgerichtig sind, gilt das für die Liebe. Und trotzdem spricht Gyōsen nicht von der Liebe, nur von Konsequenzlosigkeit. Soll diese Konsequenzlosigkeit im kosmischen Alltag von Himmel und Erde gelebt werden, wären Liebe und Barmherzigkeit jedenfalls nicht unangebracht – eher im Gegenteil. Die abgründige Freiheit, die in Gyōsens Ausgangssatz steckt, verträgt sich nicht nur mit Konsequenzlosigkeit, sondern genauso mit abgründiger und freier Liebe.

50 Klare Prioritäten

> Ganz den Buddha-Weg zu erstreben, ist keine aufwendige Aufgabe. Räume dir selbst Zeit ein, stelle den Weg vor alles andere und richte deinen Geist auf keine anderen Angelegenheiten aus: Das ist der grundlegende Schritt.
>
> GYŌSEN

Das Versprechen, dass es leicht sei, sich auf den spirituell entscheidenden Weg zu machen, ja, dass der Weg selbst leicht sei, ist eine Pointe auch der alttestamentlichen sog. Weisheitstradition und, sie aufnehmend, der Botschaft Jesu. „Kommt her zu mir alle, die ihr mühselig und beladen seid, so will ich euch Ruhe geben. Mein Joch ist sanft und meine Last ist leicht" (Matthäus 11,28–30).

Und wie begründet Gyōsen die Leichtigkeit für den Weg des Buddha? Es geht um eine klare Prioritätensetzung, durch die so viele andere Beschäftigungen unwichtig werden und alle Vor- und Nachsorgen, die mit ihnen verbunden sind, abfallen. Die Lasten werden nicht nur leichter, sie verschwinden. Dazu freilich muss man auch im Kalender aufräumen, sich Zeit schaffen. Aber eben: Es *gibt* Zeit! Sie ist nur vollgestopft mit Beschäftigungen. Lässt man sie, hat man plötzlich Zeit genug für den Weg. Ist das denn so schwer? Welcher Aufwand ist da nötig?

Und doch: Das Versprechen der Leichtigkeit stößt nicht nur auf Befremden, sondern sogar auf Widerstand. Auch in der Religion wollen es sich viele Menschen schwer machen – oder zumindest den anderen. Jesus sagt einmal: „Wehe … euch Gesetzeskundigen, dass ihr die Menschen belastet, mit schwer zu tragenden Lasten …" (Lukas 11,46). Die Logik darin könnte sein: Nur was drückt, wirkt. Nur Drückeberger wollen alles *light*. Und wenn es wirklich leicht wäre, den Weg zu gehen, hätte man auch gar keine Argumente mehr, sich nicht darauf einzulassen. Dann würde mir eine wichtige Möglichkeit der

Abweisung und der Vertagung aus der Hand geschlagen. Dann könnte ich nicht mehr argumentieren, mir sei die Sache zu schwierig. Vielleicht mache ich mich später auf den Weg, wenn ich den Belastungen gewachsen bin, aber nicht schon jetzt … Solche Argumente könnten bis zum Lebensende weitergehen. Aber Gyōsen und Jesus behaupten, sie zögen nicht, denn der Weg sei leicht!

51

Menschen, die gelehrte Studien aufgenommen haben, verlieren für gewöhnlich ihr Bestreben – auch wenn sie sich lange nach der Welt-danach gesehnt haben mögen.

KYŌRENJA

52 Geschmacklos

Weil Gedatsu über das Feingefühl seines Gaumens verärgert war, weichte er absichtlich alle sorgfältig zubereiteten Speisen ein.

Gedatsus jüngster Gesprächspartner und Kontrahent könnte Christoph Riemer mit seinem Konzept der „spirituellen Garküche“ sein, zu der konstitutiv eine umfassende „Geschmacksbildung“ gehört. Hier dient „Geschmack“ – im breitesten Wortverständnis – der Lebenssteigerung. Angesichts vieler Betäubungsmaßnahmen im Sinne von „Anästhesien“ geht es Riemer wie vielen anderen Vertretern des neuen ästhetischen Diskurses und der ästhetischen Praxis um Wahrnehmung (im

Sinne von griechisch: *aisthesis*), um Sensibilisierung auf allen Ebenen, auch und gerade im Bereich des „Geschmacks“ (vgl. Rose / Sturzenhecker 2009, bes. 141–161).

Dem gegenüber ist Gedatsu Anästhesist, un-ästhetisch, Vertreter der Desensibilisierung und der Geschmack-losigkeit – im wörtlichsten Sinne des Wortes. Bieten Vertreter der humanistischen Psychologie, etwa Stevens in der „Kunst der Wahrnehmung“, Sensibilisierungstrainings an, so übt sich Gedatsu – humanistisch psychologisch schräg – in Desensibilisierung. Auch so kann man Abschied von der Welt und von ihren Erfahrungsangeboten nehmen.

Wagt man einen Seitenblick auf sakramental christliches Geschmacksverhalten, gerät man in leichte Turbulenzen in Bezug auf die Einstellung zur Sinnlichkeit. Einerseits heißt es in Abendmahlsliturgien bei der Austeilung von Brot und Wein eindeutig und unmissverständlich „*Schmecket* und sehet, wie freundlich der Herr ist“, andererseits geht es im Ritus immer zugleich um realste, sinnliche Wirklichkeit *und* um übersinnliche Welten. In der liturgischen Praxis, als „Brot“ möglichst geschmacksneutrale Oblaten auszuteilen, fängt eine christliche „Geschmack-losigkeit“ zugunsten einer übersinnlichen Welt und deren „Sinne“ an.

Nimmt Gedatsu eindeutig Abschied von der Welt, so hat die christliche Religionsausübung sehr oft etwas unentschieden Ambivalentes: Zustimmung zur Welt *und* Ausstieg in merkwürdigen, bisweilen freilich auch markanten Mischungen.

53 Kein Platz

> Shinkai nahm eine kauernde Stellung ein, aber saß niemals. Danach gefragt, erwiderte er: „Wo in den drei Wirklichkeiten und den sechs Existenzweisen könnte ich mich mit einem lockeren Geist gemütlich zurücklehnen?"

Lebenshaltungen sind immer auch Körperhaltungen oder markante Bewegungsmuster. Götter *ruhen*, oft liegend. Könige und Gottkönige *sitzen* – mehr oder weniger erhaben – auf ihrem Thron. Auch viele Lehrer früherer und anderer Zeiten und Orte *sitzen* – und zu ihren Füßen, in anderen Positionen, versammeln sich ihre Schüler. Und der Soldat? Er *steht* – nicht nur im Lied „am Wolgastrand". „Die längste Zeit des Lebens *steht* der Soldat vergebens" – wenn er nicht gerade in Marsch gesetzt wird oder *fällt*.

Shinkai nimmt eine *kauernde* Stellung ein. Das ist, weil doch wohl noch aufrecht, eine Position *zwischen* Stehen und Sitzen, aber wegen der Nähe zum Boden auch *zwischen* Sitzen und Liegen. Besonders bequem wird und soll sie jedenfalls nicht sein. Aber es ist auch kein Übungsprogramm, keine Qual, keine Schikane sich selbst gegenüber. Mir fallen Menschen in südlicheren Ländern ein, die dösend stundenlang in einer hockend kauernden Haltung zubringen. Es ist eine Körperhaltung im Da*zwischen*: keine Gelegenheit zum wirklichen Ausruhen, aber auch keine Position in ängstlicher oder kampfbereiter Wachheit, auch nicht besonders einladend zu einer Begegnung.

Der Warte- und Aufenthaltsort für Shinkai ist also das Dazwischen: in und zwischen drei Wirklichkeiten und sechs Existenzweisen, die unaufhaltsam einander abwechseln. Nach Hirota sind mit den drei Wirklichkeiten die Welt der Begierden, die Welt der begierde-freien Form und die Welt der Nicht-Form, d.h. Zustände tiefer Meditation gemeint. Die sechs Existenzweisen und -orte sind die Hölle, die Welt der Hungergeister, der Tiere, der Dämonen, die Menschenwelt und die Götterwelt

(Hirota 30). Wo könnte es ein klares eindeutiges Stehen, Sitzen, Liegen in diesen instabilen Multiversen verschiedener Existenzweisen geben?

Shinkai kauert. Wer ihn wirklich verstehen will, muss das Kauern üben, sich leibhaftig hineinfinden. Vielleicht, dass die Welten über seinen Kopf hinweg, durch seine Schenkel hindurch, an seinem runden Rücken vorbei fliegen …

54 Rechte Hand am rechten Griff

> Wenn du gerade dann an eine Anlegestelle kommst, wenn die Fähre losfährt, gibt es nur eines: Halte dich irgendwo fest und komm noch an Bord. Wenn der Übergang, den du suchst, den Fluss der Leidenschaften überquert, der durch dieses Leben wogt, und du dann einmal dem Namen Amidas begegnet bist, gibt es nichts anderes zu tun: Sage einfach das *nembutsu* und vertraue dich ihm ehrfürchtig an. Keiner von uns macht sich wirklich klar, wie sehr wir wegen unserer eignen kühl berechnenden Weisheit leiden.
>
> KENSHŌ-BŌ VON SHŌIN

Das könnte ein Albtraum sein: Du musst das große Wasser überqueren und findest keine Abfahrstelle. Dichtes steiles Ufer, Gebüsch und Felsen. Kein Schiff, kein Floss weit und breit. Kenshō-Bō von Shōin verbreitet keine Panik. Eher das Gegenteil. Es gibt eine Anlegestelle. Du bist ihr nahe. Du siehst sie. Die Fähre ist abfahrbereit. Du bist nicht zur falschen Zeit am falschen Ort. Es ist nur der Appell, den Moment des Überstiegs nicht zu verpassen: vom Land an Bord. Zusätzliche Komplikationen, Risiken oder Erschwernisse sind damit nicht verbunden.

Kenshō-Bō von Shōin übersetzt seine Alltagsszene in eine fundamentale religiöse alles entscheidende Lebensbewegung. Wenn dieses Leben *nicht* ein stiller ruhiger Fluss, sondern ein reißender bedrohlicher Strom der Leidenschaften ist und wenn es eine Gelegenheit gibt, ihn zu überqueren, dann zögere nicht, sondern nimmt sie entschlossen wahr. Es ist alles ganz einfach. Du musst es nur vollziehen. Denn das Ganze ist in der kleinen Szene genauso wie in der Praxis des *nembutsu* Sagens keine Sache des Erwägens oder vorrangig mentaler Operationen, sondern in jedem Fall ein Tun: einen Haltegriff zum Überstieg zu fassen zu kriegen, das Namu Amida Butsu sagen. Das ist die Pointe des letzten Satzes. Dabei geht es nicht um ein Denkverbot oder einen Antiintellektualismus, sondern nur um die Tatsache, dass kalkulierendes bis skrupulöses Denken eine Lebensbewegung, die fällig ist und die befreien könnte, verunmöglicht.

55 Sei authentisch

> Keiner von uns versteht wirklich, dass nur das Sagen des Namu Amida Butsu entscheidend ist, ohne abzuwägen, ob wir mit ganzem Herzen dabei sind oder nicht.
>
> KENSHŌ

Kenshōs Satz kann als unmittelbare Fortsetzung des vorhergehenden Textabschnitts (# 54) gelesen werden. Stand dort das Erwägen und Be-denken insgesamt als Hindernis der Praxis des *nembutsu*-Sagens im Vordergrund, so hier der Anspruch ganzheitlicher Beteiligung. „Mit ganzem Herzen“ kann heißen: ungestört durch andere, ganz bei der Sache und nur bei ihr, bewusst, nicht nur ritualistisch-mechanisch. All das macht „Authentizität“ aus. Aber Selbstbeobachtung, den eigenen Puls fühlen, Gedanken- und Gefühlskontrolle kommen bald an ihre Grenzen. Sie können kontraproduktiv werden und die religiöse Praxis sabotieren. „Sei authentisch“ ist fast so etwas wie eine paradoxe Verschreibung. Je mehr „Echtheit“ man „machen“ will, desto unechter wird es.

Leicht generalisiert: Ich-gesteuerte Selbstbeobachtung und Selbstkritik können erhebliche Störfaktoren in einer Übungspraxis werden, in der es gerade um das Zurücklassen, um das Überschreiten des Ich geht. Wenn das Ich in der Ich-Transzendenz angekommen ist, ist diese Wirklichkeit ungeteilt und ganz präsent. Was mir dann begegnet, ist fraglos „authentisch“ und löst alle Authentizitätsprobleme, die das Ich nicht lösen kann. Es löst sie auf.

56

Es gibt keinen, der in sich ein wirkliches Vertrauen dem Buddha gegenüber entwickelt hat. Wer bereut schon die Zeit, die er sich für andere Aufgaben genommen hat, weil sie ihn abgehalten hat von der Praxis für die Welt-danach?

KENSHŌ

vgl. # 48

57 SOS

> Keiner macht sich wirklich klar, dass der Verstand dann von höchster Güte ist, wenn er den Gedanken hat: „Buddha, rette mich!"
>
> KENSHŌ

Keiner außer Kenshō? Dieser Textabschnitt ist schon der Dritte in Folge, der von „keinem" redet. Kenshō will wohl sagen: Selbst die, die ganz nahe dran und vielleicht sogar drin sind, haben einen schweren Zugang zum Amida-Buddhismus. Denn dessen Logik und Dynamik sind gänzlich anders als die gewöhnlichen Spielregeln des Intellekts, der Emotionen und des Selbstverständnisses.

Hier ist noch einmal der Verstand im Blick. Üblicherweise meint man, er sei in Bestform, wenn er hoch komplexe, dazu selbstreflexive Gedankenkonstruktionen zustande bringt. In den Naturwissenschaften kommen noch bewusste und kritische Anschlüsse an Wahrnehmungsdaten aller Art dazu. Das Ganze muss so objektiv wie möglich und inter-subjektiv kommunizierbar sein. Kenshō behauptet nun, der Verstand habe erst dann höchste Qualität, wenn er nur noch einen Gedanken denkt: „Buddha, rette mich!" Keine komplexe Seinslehre (Ontologie) oder gar Metaphysik. Sondern nur ein einziger Gedanke in der Form eines Existenzwunsches, eines Rufes, vielleicht sogar eines Schreis! Ein SOS. Ein Heilsvokativ.

Auch in der christlichen Religion ist die Spannung zwischen Ontologie und Soteriologie (die Lehre vom Heil, von der Rettung) heftig. Die „Sache" kann verloren gehen, wenn der Verstand sie begrifflich einfängt und ihre vitale und spirituelle Energie absorbiert. Selbst der kritischste Verstand braucht noch einmal eine Kritik, die nicht von ihm selbst her kommt.

58 Schwarz und Weiß

Außerordentlich selten sind solche Menschen, die Begehren und Bestrebungen, die den Geist quälen, wegwerfen und versuchen, sich selbst ganz dem Sagen des Namens zu widmen – im Herzen und im Verstand ungeschminkt, gerade so, wie sie sind. Keiner hat wirklich die Sehnsucht entwickelt, das *nembutsu* aufrichtig zu sagen und dabei einer zu werden, der nicht einmal zwischen Schwarz und Weiß unterscheidet.

Ist uns wirklich klar, welche Kraft in dem Geheimnis von Buddha Amidas Urgelübde verkörpert ist? Wir alle sind damit beschäftigt, unsere Orte in der Welt zu gestalten und denken dabei nicht über das Böse unserer Existenz nach und verschwenden auch keinen Gedanken auf die Kraft des Buddha und des Dharma. So läuft unser schlechtes Karma ungeprüft und ungehindert weiter. Das ist eine elende Haltung.

KENSHŌ

Die Radikalität des „keiner“ (# 55 bis # 57) wird im ersten Satz dieses Textabschnitts vorübergehend leicht abgeschwächt, indem von „selten“ die Rede ist. Das nächste „keiner“ folgt aber schon im zweiten Satz. „Wir alle“ sind noch nicht in der Einspurigkeit des *nembutsu*, in der nicht einmal mehr „zwischen Schwarz und Weiß unterschieden“ wird. Darum ruft Kenshō leicht widersprüchlich, aber eben den Gegebenheiten gemäß, zur kritischen Selbstbeobachtung und damit in bestimmter Hinsicht doch zur Unterscheidung zwischen Schwarz und Weiß auf. Zentral geht es um die Differenz zwischen dem „Bösen unserer Existenz“ und der „Kraft des Buddha“.

Wie viel Radikalität des Nicht-Unterscheidens und der Gedanken-Losigkeit ist also auf dem Weg überhaupt möglich und auch angemessen?

59 Schwester Tod

> Wunsch und Bereitschaft, auf den Tod zuzueilen, ist die größte Hilfe dabei, die Welt-danach zu erreichen.
>
> KENSHŌ

Der Tod betritt die Textbühne und wird sie so schnell nicht wieder verlassen (vgl. # 61 / # 70 / # 94 / # 97 / # 110; vgl. auch bereits # 9). Als Realität war er freilich – wie auch das „Leben" – schon immer dabei. Darum hat er wohl auch keinen sensationellen Auftritt. Er mischt sich nicht plötzlich ein und stellt sich quer in den Weg, um zuzuschlagen. Eher ist das Gegenteil der Fall. Kenshō rät, ihm im Eiltempo entgegenzugehen. Das dürfte kein großes Kunststück sein, wirkt der Tod doch im ehernen Gesetz der Vergänglichkeit (# 70). Ihm entgegengehen, heißt nichts anderes, als sich seiner Allgegenwärtigkeit bewusst zu werden, sich ihr auszusetzen, letzte Perspektiven zu klären. Einsiedlermönche werden dem Tod irgendwann „am Straßenrand oder in einem Feld" begegnen (# 94). Das unabwendbare, auf Äonen betrachtet fraglose Ziel aller fühlenden Wesen, also auch der Menschen, ist es, die samsarische Existenz zu verlassen (# 97). Dabei ist der Tod das einzige große Tor, durch das alle hindurch müssen, so viele verschiedene Wege es davor geben mag. Und vielleicht hat ja noch das Tor selbst je eine andere Gestalt.

Buddhisten, so scheint mir, haben ein ziemlich nüchternes und realistisches Verhältnis zum Tod. Sie scheuen sich nicht davor, sondern halten es für gut und nötig, mitten im Leben auch in Todesmeditationen seine Erscheinungsformen in den Blick zu nehmen. In den Leib- und Leichenimaginationen und in den asketischen Übungen des Theravāda-Buddhismus etwa kommt eine Abwertung körperlichen Seins zum Ausdruck, die antiken und frühchristlich mönchischen Aussagen in nichts nachsteht, eher noch radikaler ist: der Körper als Abszess, als Ameisenhaufen, als Hospital, als Gefängnis (vgl. Collins 192 f., 197). Auf diese Weise verliert der Tod seine Unheimlichkeit. In der Freudschen Psychoanalyse ist „unheimlich" nichts Fremdes oder Neues, sondern das, mit dem man zu lange nicht mehr in Kontakt war, etwas „dem Seelenleben von alters her Vertrautes, das ihm nur durch den Prozess der Verdrängung entfremdet worden ist" (Freud 254).

Buddhisten hassen den Tod nicht, aber sie gehen auch keine Liebesbeziehung mit ihm ein. Der Tod hat eine positive Aufgabe, er ist ein notwendiger Faktor im Prozess der Hingeburt. Darüber hinaus wird er symbolisch, poetisch oder metaphorisch kaum besetzt. Kenshō jedenfalls verliert kein Wort über den „kleinen Tod" im Höhepunkt der Liebesvereinigung. Auch reitet der Tod nicht auf einem fahlen Ross durch irgendeine Apokalypse (vgl. Offenbarung des Johannes 6,8). Ganz unsensationell taucht die Vorstellung vom Tod am Straßenrand (# 94) auf: das Alltäglichste von der Welt führt aus ihr heraus. Dass dem Tod über seine zentrale Funktion hinaus keine religiöse Ehre zukommt, wird auch daran deutlich, dass die entscheidenden buddhistischen Wirkgrößen – Liebe und Barmherzigkeit, wohl auch Frieden – durch dieses Todesverständnis nicht relativiert oder gar entwertet werden. Sie sind auf ihre Weise so gültig und wirksam wie der Tod.

Also ist jeder Tod natürlich und letztlich positiv? Aber was ist mit dem ungelebten Leben, mit dem vorzeitigen Tod, dem Tod durch Mord und Selbstmord, durch Kunstfehler oder durch Fahrlässigkeit? Dazu macht Kenshō keine Aussagen. Auch pathologische Todessehnsucht oder Todessucht, Todesromantisierung kommen nicht in den Blick. Kenshō bleibt spröde, realistisch, perspektivisch aber so weit, dass er über alle Dialektik und über alles paradoxe Zusammenspiel von Leben und Tod weit hinausgreift.

Auch in jüdischen und christlichen Traditionen, in denen so viel mit dem zeitlichen und dem ewigen Tod gedroht wurde, gibt es andere Strömungen: der Tod als Frau, die umhüllt, schützt und begleitet, der Tod als Freund. Im Sonnengesang des Franz von Assisi, wohl kurz vor seinem Tod 1225 in San Damiano gedichtet und in seiner Todesstunde gesungen, heißt es: *Laudato si, mi signore, per sora nostra morte corporale, da la quale nullu homo vivente pò skappare.* („Gelobt seist du, mein Herr, durch unsere Schwester, den leiblichen Tod; ihm kann kein Mensch lebend entrinnen.“)

Wim Wenders hat in seinem Film „Palermo Shooting“ dem Tod einen sehr offenen Auftritt verschafft und vielen Klischees in Verbindung mit Todesvorstellungen den Abschied gegeben. Der Protagonist Finn, ein Düsseldorfer Fotograf, gespielt von Campino, erhält vom Tod Warnschüsse. Er soll sich mit seiner Sterblichkeit auseinandersetzen. Leicht vorwurfsvoll sagt der Tod: „Du hast das Leben nicht gewürdigt.“ In diesem Sinne gewährt und erwartet der Tod einen privilegierten Blickwinkel aufs Leben. Der Tod (Dennis Hopper) tritt als freundlicher und verständiger alter Mann auf, Seelsorger und Thanatologe in einer Person, der sich als „Pfeil aus der Zukunft“, als „Freund“, als „Begleiter“ zu verstehen gibt. „Ich bin in dir drin“, sagt er. Er sagt auch: „Ich bin die Tür.“ Und: „You will not die, you will be born.“ Das Ganze sei ein „Gang ins Offene“, „keine Sackgasse“. All das könnte der Tod auch in einem buddhistischen Mysterientheater sagen. In „Palermo Shooting“ aber wird Finn durch den Tod in seine wache weltliche Gegenwart zurückgebracht. Darum soll er sich mit seiner Sterblichkeit auseinandersetzen. Bei Kenshō ist das Ziel des Todes sehr viel mehr das andere Leben, die Welt-danach.

60 Profil eines Hijiri

Früher war es so, dass der Älteste unter den Mönchen ein Novize wurde, der Weise ein Narr, der Reiche arm, und eine Person, die es zu etwas gebracht hatte, wurde ungebildet – und das alles in ihrem Streben nach der Welt-danach. Aber jetzt sind die Menschen ganz anders.

Ich war lange auf dem Berg Kōya, habe meine Jugend und meine Jahre als Erwachsener dort verbracht, aber ich lernte nicht einen einzigen Sanskrit-Buchstaben. Ist eine Abkehr von aller Begierde nach Reichtum und Ansehen erst einmal in Kraft gesetzt, musst du dich sogar von den Fähigkeiten, die du hast, abwenden. Herumzugehen und sich Kenntnisse und Fähigkeiten zu erwerben, ist darum sinnlos. Mehr als dreißig Jahre lang habe ich daraus eine Gewohnheit gemacht, mich von all dem fernzuhalten.

Wenn du wirklich deine Anhaftungen losgelassen hast, zeigst du keinerlei Zeichen davon, dass du es getan hast. Das Bemühen um Ansehen und Besitztümer aufzugeben, bedeutet nicht, dass du dich darin eingeschränkt fühlen müsstest, Kontakt zu anderen Praktizierenden zu halten, oder dass du dir ein einziges Gewand aus Papier besorgst, das du dann trägst. Diese Ebene von Teilhabe am Leben anderer und von materiellem Komfort ist eine Hilfe für die Welt-danach.

Ein Kind wendet sich zu seiner Mutter ohne jede Idee, warum. Da herrscht einfach ein äußerstes Zutrauen. Auf den Namen zu vertrauen, entspricht dem.

KENSHŌ

In vier kurzen Textblöcken, die verschiedene Aussagen machen, aber zusammengehören, wird das Profil eines Hijiri erstellt. Dabei entsteht wohl fast wie nebenbei ein Selbstporträt Kenshōs. Interessant ist, dass auch (wissens)soziologische und kommunitäre Aspekte und schließlich eine entwicklungspsychologische Perspektive auftauchen.

Zum ersten Abschnitt: „Früher war alles ganz anders – und viel besser." Das sagen viele später Geborene, vor allem dann, wenn sie zu den Menschen zu gehören meinen, die selbst noch nicht ganz anders geworden sind. Kenshō spielt auf den radikalen Rollenumbruch an, der zur mönchisch asketischen Existenz, die auf die Welt-danach ausgerichtet ist, eigentlich konstitutiv gehört. Denn herkömmlicher Status und Verhaltensweisen müssen zugunsten einer anderen Welt, in der andere oder gar keine Werte in Bezug auf hierarchische Ordnung und Prestige, Wissen und Reichtum gelten, kippen. Alles relativiert sich in seiner angemaßten Absolutheit. Kultur- und religionsgeschichtlich geschieht das oft in Ritualen und Festen, welche die alltäglich Ordnung *vorübergehend* auf den Kopf stellen (vgl. Bachtin, Cox). In der mönchischen Existenz betrifft das den Lebensvollzug als ganzen und *auf Dauer*.

Im zweiten Abschnitt konkretisiert Kenshō diese Dynamik an seinem eigenen Leben auf dem Berg Kōya (rund 70 km südlich von Osaka). Dort befindet sich bis heute ein klösterliches Zentrum des Shingon-Buddhismus, welches 816 von Kūkai gegründet wurde. Im Zentrum von Tradition und Gelehrsamkeit lebt Kenshō äußerste Abstinenzen gegenüber dem klösterlich üblichen Verhalten und den schulmäßigen Standards. Lieber verlernt er als zu lernen.

Zum dritten Abschnitt: Die radikale Abkehr von herkömmlichen Werten, Verhaltensformen und Entwicklungswegen treibt nun aber nicht in die Isolation, die A-sozialität und erst recht nicht in eine stilisierte Besonderheit. Wenn man nämlich am Nicht-Anhaften anhaftet, wird man per Selbstinszenierung möglicherweise eine skurrile oder auch heilige Person, ein Sonderling, der gerade so die Aufmerksamkeit, die er nicht haben will und soll, auf sich lenkt. Kenshō hält eine unauffällige soziale Bezogenheit und eine materiell hinreichende Grundausstattung auf dem Weg in die Welt-danach für zweckdienlich. Was könnte der Grund dafür sein? Vielleicht, dass so die Lebens- und Überlebensprobleme am wenigsten vom eigentlichen Ziel ablenken und am wenigsten Energie absorbieren. Der Lebensweg soll ja so sorglos wie möglich, ein elementarer Grundvollzug des sich Überlassens und Anvertrauens sein.

Das leitet über zum vierten Abschnitt: Die mütterliche Welt ist das Urmodell, das täglich und seit Jahrmillionen seine Realisierungen findet. In dieser Welt braucht man keinen Reichtum und kein Wissen, wohl aber ein mütterliches, buddhistisch liebendes „Ansehen“. Dieses Ansehen hat eine grundlegend andere Herkunft, eine andere Dynamik und andere Ziele als alle gesellschaftlichen Repräsentations- und Anerkennungsprozesse, ist und bleibt aber deren Basis.

61 Wer ist monoman?

> Die achtzigtausend Lehren des Dharma legen alle ein Wort aus: Tod. Behalte den Tod im Sinn, und dann wirst du ganz selbstverständlich ein Gespür für alle achtzigtausend bekommen.
>
> SHŌKŌ

Auf diesen Bescheid Sōkōs können alle zum Sondertarif abfahren, die schon immer gewusst haben, dass der Buddhismus nihilistisch und eine Religion des Todes ist – monoton und monoman auf den Tod fixiert und vom Leben abgewandt. Behält man aber die Grundaussagen im Blick, die im vorletzten Kommentar (zu # 59) gemacht worden sind, fällt eine solche Aburteilung schwerer. Wenn der Tod wirklich das unausweichliche Tor und die entscheidende Hilfe zur Hingeburt ist, wird es keine Lehraussagen geben, die nicht – direkt oder indirekt – mit ihm befasst sind. Insofern kann man in der Auslegung buddhistischer Schriften pointiert sogar von einer „Hermeneutik des Todes“ reden. Aber darüber darf nicht ausgeblendet werden, dass es zugleich andere Grundthemen und Leitlinien gibt, unter denen *alle* einzelnen Äußerungen des Buddhismus verstanden werden können, z. B.: Befreiung, Barmherzigkeit und Mitleid.

Es ist also ganz unsachlich, alle buddhistischen Texte auf ihre Todesaussagen hin zu reduzieren. Selbst wenn ich alle achtzigtausend Lehren unter dem Aspekt des Todes lese, wird jede einzelne Lehraussage nicht ihre Farbe, das ihr und nur ihr Eigene, ihren Ideolekt verlieren. Wirklich monoton und monoman ist derjenige, der im Verschiedenen immer nur noch ein und dasselbe und im schlimmsten Fall auch nur noch *sein* Eigenes entdeckt.

vgl. ansonsten # 59

62 Ganz gespannt im Hier und Jetzt

Als der alte Jakugan-bō an sein Krankenbett gefesselt war, gab ihm Kyōsen-bō folgenden Rat: Leute, die Bogenschießen auf dem Pferd praktizieren, lernen Verhaltensregeln in Bezug auf die Uniform und Zeremonien, die mit dem Schießen verbunden sind. Wenn aber der Tag des Wettkampfes da ist, sind sie so von dem heftigen Verlangen zu schießen erfüllt, dass sie, sobald sie auf ihr Pferd gesprungen sind, alles außer dem Verlangen, ihre Pfeile ins Ziel zu bekommen, vergessen.

Entsprechend warst du ganz vertieft mit der einen und anderen Sache, die Welt-danach betreffend, und hast ununterbrochen studiert, aber du liegst schon krank da. Jetzt musst du dir das Verlangen, die Geburt zu erreichen, zueigen machen und das *nembutsu* ohne irgendeinen anderen Gedanken sagen.

Der Punkt des Vergleiches der beiden Situationen, die im Textabschnitt genannt werden, ist das Verhältnis zwischen Vorbereitung und „Ernstfall". Bei den reitenden Bogenschützen ist mehr von formalen und *äußeren* Regulierungen, mit denen man sich vertraut machen muss, die Rede. Von Jakugan-bō erfährt man, dass er auch und gerade *innerlich* mit der Hingeburt und der Vorbereitung auf sie intensiv beschäftigt war. Wobei an dieser Stelle des Textes das Studieren als ein möglicher Zugang zur Welt des Buddha Amida nicht kritisch in Frage gestellt wird, wie sonst fast durchgängig.

Kyōsen-bō scheint davon auszugehen, dass Vorbereitungen auf große entscheidende Ereignisse sinnvoll sind. Wenn aber das Ereignis selbst Platz greift, haben all diese Präparationen ihr Ende, und eine andere Dynamik stellt sich ein, die doch nicht einfach nur die Fortsetzung von dem ist, was man gut vorbereitet hat. Wohl eher im Gegenteil! Das scheint mir eine allgemeine und durchaus wichtige Lebenserfahrung zu sein, die in diesem Textabschnitt ihren Aufführungsort in der religiösen Praxis hat. Es lässt sich an viele Anwendungsfälle denken. Wörtlich am nahesten sind Geburtsvorbereitungen junger Eltern, aber auch alle sportlichen Übungsphasen und viele akademische Prüfungsvorbereitungen können in den Blick kommen. In noch so guten Vorbereitungstrainings auf allen Ebenen navigiert man in den Welten *möglicher* Fragen und Antworten, Impulse und Reaktionen. Das Turnier selbst, der Moment des Todes und der Hingeburt machen allen Möglichkeiten ein Ende. Sie sind unausweichliche Wirklichkeit – hier und jetzt. Alle Vorbereitungen weichen zugunsten eines radikalen Bereitseins.

Wenn schließlich doch alles auf den „Ernstfall" ankommt, sind dann äußere und innere, formale und inhaltliche Vorbereitungen überhaupt sinnvoll? Kann es nicht irritieren, dass Kyōsen-bō so gar nicht skeptisch ist, wenn er Jakugan-bō daraufhin anspricht, dass er lange und intensiv studiert hat? War das angemessen?

Es gehört zu den Grundeinsichten verschiedener psychologischer Schulen der westlichen Welt, dass in der äußeren Wirklichkeit nicht gut gehen kann, wozu Menschen zuvor nicht einmal innere Vorstellungen aufgebaut haben. Dabei geht es um Fragen wie: Wo soll unser Kind zur Welt kommen, und wer wird dabei sein? Wie wird die Prüfung laufen? Mit welchen Rahmenvorstellungen in Bezug auf Geld und Zeit trete ich eine Reise an? Wie kann ich verhindern, dass mein Plan, ein Haus zu bauen, mit einer Bauruine endet (vgl. Lukas 14,28–30)? Diese inneren Vorstellungen beziehen sich auf Mentales und Emotionales, auf Verhaltensstrategien und Motorik, auf Geist und Geld.

Also gilt es im profanen wie im religiösen Leben zweierlei zu lernen: sich auf wichtige Ereignisse so angemessen wie möglich vorzubereiten – auf Geburt wie auf Tod und vieles dazwischen – aber dann, wenn es so weit ist, alle Vorbereitungen hinter sich zu lassen und sich ganz der Situation hinzugeben.

63 Zwei Typen von Dämonen

> Wenn du einmal zu dem ursprünglichen Gelübde Zuflucht genommen und dich mit dem Namen vertraut gemacht hast, ist es wirklich das Werk eines schmeichlerischen Dämons in dir, dass du die Zeit damit verbringst, vor einem Text zu sitzen und denkst, du solltest ihn lesen, weil seine Lehre gleich lautet wie das *nembutsu.*
>
> CHŪREN

Jetzt kommen die Dämonen ins Spiel! Um sie zu verstehen und mit ihnen umzugehen, braucht man keine Dämonologie, eine Systematik des Widerständigen und des Bösen. Jedenfalls ist in der alltäglichen Praxis das einzig Wichtige, zu erkennen, wo und wie das, was Menschen Dämonen nennen, wirkt. Wie und wo kommt man ihnen auf die Spur und kann sie forttreiben? Unter solchem Blickwinkel ist Chūrens Satz sehr ergiebig. Seine Spur: Es sind dämonische Kräfte im Spiel, wenn ich Impulsen ausgesetzt bin und ihnen nachgebe, die sinnlos, kontraproduktiv und disfunktional sind. Der konkrete Fall, der im Textabschnitt angesprochen wird, ist die unproduktive Sucht, in dem, was ich schon lange gefunden habe und praktiziere, von außen und praxisfern noch einmal bestätigt zu werden. Was geht da vor? Vermutlich bewegen mich in solchem Verhalten Zweifel und Skrupel, ob ich wirklich die richtige Richtung eingeschlagen habe.

Psychologen kennen aus der Markforschung die Tatsache, dass Menschen ihre Kaufentscheidung gerne *nach* dem Abschluss eines Geschäfts wieder und wieder bestätigt finden wollen. Wer z. B. ein neues Auto gekauft hat, studiert nun erst recht die Werbung, vergleicht Daten mit der Konkurrenz, sichtet den Marktwert bei Gebrauchtwagen. Dahinter kann jedenfalls auch die bleibende Unsicherheit in Bezug auf die getroffene Entscheidung stecken. Chūren hält solche nachträglichen Skrupel im religiösen Vollzug des Namu Amida Butsu für unangemessen. Habe ich mich nun der rettenden anderen Kraft des Buddha Amida überlassen oder doch nicht? Die Bestätigungssucht kann ein Zeichen von Ungewissheit und Unglauben sein. Oder – jenseits von (zu) einfachen Psychologisierungen – kommt sie von kaum zu bestimmenden anonymen, aber hoch wirksamen Kräften von außen: Dämonen eben.

Nun stellen sich Menschen Dämonen meist ungestüm und gewalttätig vor. Der Dämon, vor dem Chūren warnt, hat einen ganz anderen Charakter: Er ist verträglich, gefällig, schmeichelt sich ein, bestätigt. Ippen (1238–1289), der den Amida-Buddhismus popularisierte, unterscheidet eben diese zwei Typen von Dämonen und behauptet, der zweite, unbekanntere Typ stelle das größere Problem dar (vgl. Hirota 34).

Frage könnte sein, wo und wie *diese* Dämonen heute in akademischen und religiösen, aber auch in ökonomischen und politischen Welten zumeist unidentifiziert und nicht gebremst wirksam sind. Sie wären (jedenfalls auch) daran zu erkennen, dass sie Menschen auf freundlichste und affirmativste Art in ihren Skrupeln bestärkten und dafür sorgten, dass vitale Lebensentscheidungen, die klar und schon lange getroffen sind, folgenlos und unwirksam bleiben. Nicht alle Dämonen poltern und zerstören, viele lassen die Welt einfach erstarren und machen Menschen auf freundlichste Weise immobil.

64 Fasse dich kurz

> Für einen, der auf die Welt-danach ausgerichtet ist, werden Dharma-Worte nicht das Maß einer einzigen Seite überschreiten.
>
> KYŌBUTSU

Ist man bei der Sache, kann ein zu großes Ausmaß an zusätzlichen erklärenden, absichernden Worten eher schädlich sein. Es gibt Situationen, in denen jedes weitere Wort zu viel ist. Die Sache ist klar ausgesprochen. Der nächste Schritt ist deutlich. Wer jetzt weiterredet, kann in den Verdacht geraten, Skrupulant zu sein (vgl. # 63), alles doch lieber noch einmal in den Bereich der Erwägungen und Möglichkeiten zurückzerren und den realen Fortgang aufhalten zu wollen. Das kann nach einem puren Ablenkungs- und Selbstablenkungsmanöver aussehen.

Wenn für Kyōbutsu und allen anderen Autoren dieser Textsammlung etwas klar ist, dann zweierlei:

- das *eine* Ziel: Ausbruch aus der samsarischen Existenz in Richtung Reines Land
- der *eine* und einzige Weg: das *nembutsu*.

Mehr ist nicht zu sagen, anderes nicht zu tun. Wer darüber hinaus Lehrgebäude entwickelt oder zusätzliche spirituelle Techniken praktiziert oder gar für sich selbst und andere eine eindrucksvolle Persönlichkeit aufbauen will, gefährdet seine Rettung. Hōnen hat in einem „Testament auf einer Seite“ *(Ichi-*

mai Kishōmon) zusammengefasst, was er vermitteln wollte (vgl. Hirota 71; Tsunoda 208 f.).

Wenn das zutrifft und verbindlich sein sollte, stehen freilich diejenigen, die diese Textsammlung zustande gebracht haben, unter dem Verdacht, vom Wesentlichen abzulenken. Wie oft muss man im Grunde identische Aussagen verschiedener Menschen abschreiben, hören, lesen, weitergeben? Einen Kommentar dazu zu schreiben, wie er bei Hirota und auch in diesem Buch vorliegt, ist dann noch ein Schritt weiter in die falsche Richtung. Wer diesem Einspruch argumentativ auf irgendeine Weise widersprechen will, verfängt sich nur weiter im Netz von Widersprüchen, in dem sich alle akademische und auch spirituelle Arbeit in Bezug auf Archivierung, Dokumentation und Tradition bewegt. Wo das Feuer weitergegeben, wo es wieder und neu entfacht werden soll, wirbelt oft viel Asche herum.

65

Für einen, der sich nach der Welt-danach sehnt, sind Dharma-Worte – vom Inhalt her betrachtet – einfach, in dem Bestreben aber tief greifend.

KYŌBUTSU

vgl. # 64

66 Imitationslernen

Ich habe einmal zu Shimbutsu-bō gesagt: Wenn Leute im weltlichen Leben wie z. B. Schmiede und Teppichknüpfer Lehrlinge in ihre Handwerkskunst einführen, tun sie das nicht notwendigerweise in jedem Detail. Wenn aber der Anfänger im Wesentlichen fachkundig geworden ist, sagen sie, dass der Weg übermittelt worden ist.

Vergleichbar verhält es sich, selbst wenn du von diesen zwei oder drei Jahren, die du bei mir verbracht hast, nichts außer dem vorzuweisen hast, dass du als einer, der sich von der Welt losgerissen hat, den Blick für die Unbeständigkeit nicht verlierst. Dann hat sich meine ursprüngliche Absicht erfüllt.

KYŌBUTSU

Kyōbutsu vergleicht den profanen Ausbildungsprozess eines Lehrlings bei seinem Meister mit Lernvorgängen im Bereich der Religion. Was lernt ein junger Mann, der Mönch werden will, bei seinem buddhistischen Lehrer? Worum geht es im Wesentlichen – weit über einzelne Methoden und Fertigkeiten hinaus?

Kulturgeschichtlich ist ein Ausgangsdatum so selbstverständlich, dass es nicht einmal genannt wird. Ich meine die Tatsache, dass der Lehrling im Lebensumfeld seines Meisters lernt. Er wohnt in dessen Haus. Er lebt mit im Tempel oder nahe der Klause. Dadurch bekommt er schon immer mehr als nur ein handwerklich oder religiös enges Berufswissen. Er lernt Grundeinstellungen, einen Lebensstil, ein Berufsethos – und das alles eher indirekt, wie nebenbei und gerade darum äußerst wirksam. Irgendwann kennt er die wichtigen Griffe, weiß, „wie es geht" und wie man sich professionell und „zünftig" benimmt.

Fachleute sprechen von „Imitationslernen". Poetisch und krass ist davon in „Wallensteins Lager" (Friedrich Schiller, 1798, 6. Auftritt) die Rede: „Wie er räuspert und wie er spuckt / Das habt Ihr ihm glücklich abgeguckt." Lehrlinge aller Sorten übernehmen ziemlich direkt, reichlich unbewusst die Körpersprache, die emotionalen Ausdrucksformen und fast genauso unmittelbar die motorischen Grundmuster, die zum jeweiligen Hand-werk gehören, den Arbeitsrhythmus, den Umgang mit den Materialien und mit der Kundschaft. Aus all dem entsteht ein professionelles Grundwissen und entsprechende Geschicklichkeit.

Was soll der Schüler Shimbutsu-bō nach zwei oder drei Jahren in der Nähe seines Meisters Kyōbutsu gelernt haben? Das Ziel hört sich erstaunlich anspruchslos an: (nie wieder) den Blick für die Unbeständigkeit und Vergänglichkeit zu verlieren. Wie mag Shimbutsu-bō das gelernt haben? Und warum ist gerade dies der entscheidende Punkt – und nicht irgendeine Lehre oder Meditationspraxis? Zum ersten: Nach meiner Vorstellung lief die Vermittlung des Wesentlichen tatsächlich weitgehend über unmittelbare Auswirkungen des alltäglichen Umfeldes im Zusammenleben mit dem Meister. In solchen Fällen spricht man oft von „Imitationslernen". Er hat „gelernt", wie sein Lehrer mit den wenigen Gegenständen, die ihn umgeben, umgeht, wie er isst und schläft, wie er im Rhythmus der Tage, Nächte und Jahreszeiten lebt. Auch von nicht geringer Bedeutung ist die Alltagskommunikation zwischen Lehrer und Schüler. Ich stelle sie mir genauso verbindlich wie spröde vor. Dabei fällt mir das Diktum von Donald Winnicott ein, von seiner Geburt an müsse der Mensch lernen, „in Gegenwart von anderen allein" zu sein. In all dem können Unbeständigkeit und Vergänglichkeit nicht andoziert werden, aber als Grundeigenschaft allen Existierenden in der Welt werden sie sichtbar (gemacht).

Und zweitens: Warum soll Shimbutsu-bō gerade den Blick für die Unbeständigkeit nicht verlieren? Er hat sich für den mönchischen Weg entschieden, sich „von der Welt losgerissen". Das selbst ist ja schon ein Bekenntnis zur Unbeständigkeit der Welt, eine Reaktion auf diese Einsicht. Vielleicht ist er in den zwei oder drei Jahren nur in diesem Bekenntnis bestätigt und bestärkt worden. Es besteht nun aber eine gewisse Gefahr, dass im mönchischen Leben gerade diese Einsicht wieder verloren geht. Denn man kann sich in ihm einrichten – sei es über stabile Lehrkonstruktionen, über eine routinierte Meditationspraxis oder über Selbststilisierung. Vor all dem wird in der Textsammlung immer wieder gewarnt.

Also hätte Shimbutsu-bō gar nichts Neues gelernt, und doch wäre über das tägliche Leben in der Nähe des Meisters „der Weg übermittelt" worden. Genau dies wäre die elementarste Übung.

vgl. auch # 95

67 Immobil

Diejenigen, die auf die Welt-danach ausgerichtet sind, erkennen, dass sie nichts besitzen sollten, nicht einmal eine Topfscherbe für das einfachste Essen.

SHUNJŌ

Warum nicht? Leicht moralisierend und belehrend argumentativ kann einem viel einfallen, am drastischsten vielleicht: Von all deinem Besitz kannst du nichts hinüberretten in die Welt-danach. Wie es so schön heißt: „Das letzte Hemd hat keine Taschen." Aber ob man ein Hemd besitzen sollte?

Vor aller Belehrung, allen guten Sprüchen und Argumenten rangieren die Phänomene. Was heißt denn „besitzen"? Was zeigt sich im Besitz-Trieb und bei denen, die viel besitzen?

- sich mit nützlichen und unnützen Dingen umgeben
- sich einrichten
- sich ausstatten
- Vorsorge treffen für knappere Zeiten
- Archive anlegen

Was man besitzt, muss man pflegen und behalten. Man wird es gegen Diebstahl, Feuer- und Wasserschäden versichern. Sorgen kommen auf. Als Franz von Assisi klären musste, ob und wie sein Bettelorden Grundstücke, Gebäude und anderes besitzen sollte, sagte er: Was man besitzt, muss man verteidigen, gegebenenfalls mit Gewalt. Menschen sitzen auf ihrem Besitz, werden sesshaft und im Zweifelsfall militant. Immobilien heißen zu Recht Immobilien. Nicht nur Grund- und Hausbesitz macht unbeweglich.

Das Ganze lässt sich noch auf eine intellektuell spirituelle Ebene übertragen. Gotthold Ephraim Lessing sagte, der „Besitz" der Wahrheit mache „ruhig, träge und stolz". Er wolle sich mit dem „einzigen, immer regen Trieb nach Wahrheit" begnügen. Denn „die reine Wahrheit" sei ja doch nur für Gott allein (Lessing 87). Folglich gilt es, auch geistlich und vom Verstande her besitzlos unterwegs zu sein. Also mobil.

Nach leichtem Höhenflug zurück auf den Boden der alltäglichen Sachen und Tatsachen, zu Shunjōs Mittagessen. Wie isst er denn seine gesalzene Reis- und Bohnenpaste, ohne im Besitz von Teller und Löffel zu sein? Von der Hand in den Mund? Oder ist allen – dem Autor und den Lesern – klar, dass dieser Textabschnitt provozieren will und sich durch derartige Rückfragen in seinem kritischen Impuls nicht aus der Welt schaffen lässt? In seinem Asketenhaushalt hat Shunjō vermutlich sogar mehr als eine Topfscherbe *in Gebrauch genommen*. Von Japanern und Europäern unserer Zeit ganz zu schweigen – seien sie Millionäre, seien sie Mönche, seien sie Sozialhilfeempfänger. Und trotzdem äußert Shunjō, man *sollte* nichts *besitzen*. Warum nicht? Siehe oben.

68 In Frieden

Das zunehmende Bewusstsein dafür, dass das Reine Land näher kommt und dass das Erreichen der Geburt endgültig geregelt ist, ist wohl ein Zeichen von Älterwerden. Einfach ausgedrückt: Wenn du dich wirklich nach der Geburt sehnst, ist es egal, ob du gehst, stehst, sitzt oder liegst, während du das *nembutsu* aussprichst. „Namu Amida Butsu, Namu Amida Butsu": Ob du wachst oder schläfst, stehst oder sitzt, aufstehst oder dich zur Ruhe setzt – du hast den ganzen Reiseproviant, den du für das unfehlbare Erreichen der Geburt brauchst.

Lernen mag auch wichtig erscheinen, aber es ist nicht wirklich notwendig. Vielmehr: Selbst wenn du einen problematischen Punkt durch das Studium geklärt hast, wirst du im Fortgang über andere Fragen stolpern und auf diese Weise dein ganzes Leben damit verbringen, Zweifel zu beheben, ohne die Möglichkeit, das *nembutsu* im Frieden deines Herzens auszudrücken. Für das *nembutsu* ist Lernen eher ein ungeheures Hindernis als eine Hilfe.

JŌGAN

Jōgan skizziert ein Porträt, das inzwischen vertraut ist: ein Mensch, der sich seines Wegs und seines Ziels gewiss ist und darum auch sterben kann. Friede ist im Herzen eingekehrt. Dabei ist jeder Bewusstseinszu*stand*, jeder Lebensfort*gang*, jeder Lebens*sitz*, jede Lebens*lage* recht. Das *nembutsu* trägt und schwingt immer mit. Studieren kann eher störend wirken. Entsprechende gut begründete Vorbehalte sind uns bekannt. (Auch) hier wird deutlich: Die religiöse Praxis des Namu-Amida-Butsu-Sagens ist andauernd und wird in allen Lebensumständen vollzogen. Es gibt keine besonderen Gebetshaltungen, keine bevorzugten oder gar vorgeschriebenen Körperpositionen, keine abgegrenzten heiligen Orte oder Zeiten.

69 Arme Kerle

Die Welt-danach zu suchen unterscheidet sich nicht davon, dein Leben auf den Wegen dieser Welt zu führen. Dieser Tag ist schon in Abenddämmerung. Wie leicht ist es, in deiner Arbeitsmühe schlaff zu sein. Auch das Jahr treibt auf ein Ende zu; eine ganze Lebensspanne läuft ohne besondere Dringlichkeit ab. Nachts leg dich hin und beklage dieses bedeutungslose Fortschreiten der Stunden, und bei Morgengrauen werde wach und nimmt dir vor, in deiner Praxis bis zum Tagesende bemüht zu sein.

Wenn du liederlich und nachlässig bist, mache dir die Vergänglichkeit der samsarischen Existenz klar. Wenn unberechenbare Gedanken in deinem Herzen Platz greifen, erhebe deine Stimme und äußere das *nembutsu*. Wenn dir Dämonen oder kleine Teufel entgegen treten, wecke dein Mitgefühl und versuche, ihnen zu helfen. Meine nicht, du müsstest sie überwältigen.

Armut ist der Same für das Erwachen, das uns Tag für Tag auf dem Buddha-Weg voranbringt. Besitztümer sind die Ketten von Geburt-und-Tod, und Nacht für Nacht treiben sie uns hin zu weiterem Übel.

ANONYM

Hier liegen drei Abschnitte mit verschiedenen Zielrichtungen vor. Zunächst kommt ein allgemeines Lebensgefühl zum Ausdruck: ziemlich energielose Tristesse und ein umfassender Abgesang. Der Tag, die Lebenszeit, die Welt sind final, sie laufen auf ein Ende zu. Aber dem folgen konkretere Handlungsvorschläge: nachts zu klagen, die Vergänglichkeit nicht aus dem Blick zu verlieren, tagsüber das *nembutsu* zu üben, auch und gerade beim unkontrollierbaren Einfall störender Gedanken. Gegen das Chaos von Stimmen und Fremdbe-stimmungen gilt es, die eigene Stimme zu erheben.

Und dann ist von einem Störfall besonderer Art die Rede: Dämonen oder kleine Teufel kommen ins Spiel. Ich versuche zu übersetzen: Gegen-stimmen, Einflüsterungen von außen,

Handlungs- und Gefühlsimpulse, die fremd und befremdlich sind, nicht zu mir gehören und darum Dämonen angelastet werden, treten in Erscheinung. Eine weltweite übliche Praxis im Umgang mit solchen Erfahrungen ist Austreibung, Exorzismus, Gegenzauber, Unterwerfung, Vernichtung. Hier wird eine ganz andere Strategie empfohlen: Mitleid und Hilfsbereitschaft. Die Dämonen, von denen hier die Rede ist, sind im Grunde arme Kerle, verirrte Seelen, die sich an anderes Leben zu klammern versuchen, weil sie haltlos sind. Sie tun so stark, weil sie so schwach sind – aufgeblasene Zwerge. Man sollte Mitleid mit ihnen haben, statt zu meinen, sie besiegen zu müssen.

Wie könnte man ihnen wirkungsvoll helfen? Nicht vor ihnen erschrecken, damit sie nicht noch schreckhafter werden? Sie über ihre wahre Identität aufklären? Ihnen zu einer realistischen Selbsteinschätzung verhelfen, ohne sie zu demütigen? Oder sie gar auf den Weg des *nembutsu* mitnehmen? Die Barmherzigkeit des Buddha Amida ist grenzenlos und umfasst alle Wesen, auch die, die versuchen, ihr Unwesen zu treiben. Und manchmal können Menschen anderen Existenzen etwas von dieser Barmherzigkeit zu spüren geben. Eine Religion, deren Verständnis von Rettung und Heil vor den Dämonen die Türen zuschlägt, hat ein wenig konsequentes und wenig radikales Verständnis von Barmherzigkeit und Versöhnung.

Zu den Äußerungen über Besitz und Armut vgl. zuletzt # 67.

70

Von den dreihundertundsechzig Tagen des Jahres gibt keiner Aufschub gegenüber dem Gesetz der Vergänglichkeit. Halte jede Stunde, Tag und Nacht, für nichts anderes als für die Zeit des Todes.

GEDATSU

vgl. # 59

71 Feng-Shui im Haus des Lebens

Mein Wunsch ist, ohne Weisheit zu sein.

MYŌHEN

„Weisheit" im Sinn von Gelehrsamkeit kann vom Lebensweg und -ziel ablenken. Das kommt in dieser Textsammlung immer wieder zum Ausdruck. Denkgebäude, intellektuelle Schach- und Klimmzüge, aber auch skrupulöse Selbsteinsprüche behindern und verunmöglichen den einfachen Vollzug. Ein Beispiel: Auf dem Weg mit hochkarätigen Kollegen zu akademischen Prüfungen äußerte einer von ihnen einmal, er sei sich keineswegs sicher, ob er jemals in seinem Leben einen theologisch wirklich haltbaren Satz gesagt habe.

Nun gibt es aber auch einen anderen Gebrauch des Wortes „Weisheit": nicht Bücherwissen und Kopfgeburten, sondern praktische Weisheit, Lebensklugheit, das, was der Körper „weiß". Wie, wenn auch von all dem Myōhen nichts wissen will? Was für ein Wunsch, was für eine Verweigerungshaltung, was für eine Absage wäre das?

Praktische Weisheit boomt auf sehr verschiedenen Ebenen. Theologisch und religionsgeschichtlich gibt es ein wachsendes Interesse an der literarischen Gattung und der historischen Strömung der sog. altorientalischen „Weisheit". In der hebräischen Bibel gehören weite Teil der Psalmenfrömmigkeit dazu, das Buch Hiob und der Prediger: „Für alles gibt es eine Zeit – Zeit für jedes Vorhaben unter dem Himmel" (Prediger 3,1).

„Weisheit ist die „Bemühung des Menschen, bestimmte Erfahrungen und Erlebnisse zu formulieren, zu sammeln und zu ordnen, um so ein Stück weit die Regeln und Ordnungen der Welt zu erkennen, um sich nach Möglichkeit ihnen entsprechend zu verhalten und so die Ordnung der Welt zu erhalten, bzw. immer wieder neu zu konstituieren." (Schmid 137)

Weisheit ist erfahrungsorientiert und bringt oft drastisch und poetisch auf den Punkt, wie es im Alltag zugeht, wie etwas bestimmt nicht gut gehen kann („Hochmut kommt vor dem Fall."), aber auch, wie etwas gelingen könnte. In dem Sinn sucht „Weisheit" Glück. Damit nähert sie sich aber einerseits dem Anliegen zahlloser neuer mehr oder weniger philosophisch strenger Diskurse über „Lebenskunst" (Schmid), andererseits der psychologisierenden und manchmal auch esoterisch ausgerichteten Ratgeberliteratur. Religionen aller Welt, besonders östliche, sind plötzlich wesentlich für Lebensklugheit und Lebensglück zuständig. Das Programm „Schöner wohnen" (vgl. # 18) wird zum Feng-Shui im Haus des Lebens. Der Kipppunkt ist erreicht, vielleicht schon überschritten. Und auf diese Weise mag implizit Myōhens Skepsis auch gegenüber *diesen* Bedeutungs- und Lebensvarianten von „Weisheit" nachvollziehbar sein. Wie könnte man sich im Leben wirklich glücks-gemütlich einrichten wollen, wenn doch die Welt-danach im Fokus bleiben soll.

72 Auf Abstand

> Halte dein Leben lang einen gewissen Maß Abstand zu deinem Leben.
>
> KYŌSEN

Dem japanischen Text und dem Sinn nahe Varianten dieses Leitsatzes könnten lauten:

- Bleib im Gegenüber zu dem, was dir und anderen widerfährt, und zu dem, was du tust und was andere tun.
- Sei und bleibe *cool.*
- Behalte die Übersicht.
- Gerate nicht in intellektuelle, emotionale und ethisch-praktische Wirbel.
- Vermeide es, dass dir schwindlig wird.

Vielleicht ist es hier auch noch einmal (vgl. # 21) angemessen, Sätze aus den „Maximen meines Lebens" in Gottfried Benns „Ptolemäer" zu zitieren:

- „Erkenne die Lage.
- Rechne mit deinen Defekten, gehe von deinen Beständen aus, nicht von deinen Parolen." (Benn 232)

Provozierender noch könnte ein programmatischer Satz aus dem Johannes-Evangelium sein:

- Wer sein Leben liebt, verliert es, und wer sein Leben in dieser Welt hasst, wird es ins ewige Leben bewahren. (Johannes 12, 25)

Man könnte diese Aussage als westliche Eskalationsform des Leitsatzes von Kyōsen verstehen. So sehr auch hier von Distanz die Rede ist, so sehr kommen doch Liebe und Hass ins Spiel. So entstehen Strudel, die man mitverursacht und aus denen herauszukommen oft gar nicht einfach ist. Buddhisten vermeiden solche Wirbelstürme von vornherein. Aber in der Zielrichtung scheinen mir der Jesus im Johannes-Evangelium und Kyōsen einig: Es geht darum, dass der Kern, das Zentrum, die Essenz nicht verloren gehen, sondern in das Große Leben hinüber gerettet werden.

73 Ich weiß nicht, was soll es bedeuten

> Die Bedeutung des *nembutsu*-Wegs liegt darin, an keiner Bedeutung anzuhaften.
>
> SHŌSHIN

Die Welt ist voller Deutungen und Bedeutungen: bedeutsame Persönlichkeiten mit bedeutenden Werken in Kunst und Wissenschaft und mit eben solchen Taten in Politik und Religion. Allererst so entsteht Welt, die eben voller Bedeutungen ist. Und gewiss: Menschen sind auf Orientierung und Sinnstiftung angewiesen. Nur so wird das Terrain für alle möglichen Arten von Deutungsleistungen und Deutungshoheit geschaffen. Man muss wissen, was zurzeit wirklich und gültig ist und was gegenwärtigen spirituellen und finanziellen Mehrwert hat. Und nur ein halbromantischer Poet wie Heinrich Heine kann dichten: „Ich weiß *nicht*, was soll es bedeuten …" Und noch ein ganz anderer Dichter, Rainer Maria Rilke, wagt die Aussage: „… und die findigen Tiere merken es schon, / dass wir nicht sehr verlässlich zu Haus sind / in der gedeuteten Welt" (Die erste Duineser Elegie).

Shōshin ist allem Reden und Handeln in der gedeuteten Welt gegenüber skeptisch. Seine Aussage geht aber nicht dahin, Deutungen und Sinnzuschreibungen einfach wegzuwischen, sondern er rät nur, sich an ihnen nicht festzuklammern. Wer in dieser Welt unterwegs zur Welt-danach ist, kann sich hier, in den gedeuteten Welten, nicht einrichten. Er kann es auch darum nicht, weil Deutungen, gerade wo sie absolute Verbindlichkeit beanspruchen, schnell relativiert werden und an Orientierungswert verlieren können. Die Welt der Bedeutungen und des Deutens ist übersättigt und in sich selbst verstellt: Eine bedeutende Persönlichkeit löst die andere ab. Deutungshoheiten rivalisieren lebenslänglich. Bedeutende Werke der Kunst und der Wissenschaft füllen augenblicklich und immer neu die Museen, die Hörsäle und die Bücherregale; bald darauf werden sie abgeräumt, archiviert, verramscht, entsorgt. *Sic transit gloria mundi.* Es gibt Zeitgenossen, die im Laufe ihres Lebens durch aufgezwungene Weltdeutungen seitens vier sehr verschiedener deutscher „Reiche" geschleust worden sind.

Mit und nach der Absage an alle (anderen) Bedeutungen weist Shōshin dem buddhistischen Weg nun aber doch – paradox genug – die einzige Bedeutung zu, die darin besteht, an keiner anderen Deutungs- und Bedeutungswelt anzuhaften. Lässt sich das nicht weniger paradox ausdrücken? Kommt der qualitative Ebenenwechsel von Bedeutungen aller Art zu der Bedeutung des *nembutsu*-Weges in diesem Satz wirklich zum Ausdruck? Eher wohl nicht! Aber welche Bedeutung das Wort „Bedeutung" gewinnen oder auch verlieren wird, wenn man auf alle anderen Deutungen und Bedeutungen nicht mehr fixiert ist, wird sich allein in der Praxis zeigen. Jedenfalls ist es kaum wünschenswert, dass Menschen an ihrer religiösen buddhistischen Praxis auf dieselbe Art und Weise anhaften, wie sie (vorher) in anderen Bedeutungswelten gefangen waren.

74 It's easy

> Die Geburt ins Reine Land zu erlangen, ist unser ernstestes Anliegen, mühelos gelöst.
>
> MYŌZEN

Von der Schwergewichtigkeit des religiösen Weges und Zieles ist fast ununterbrochen die Rede. Auf der Textsammlung lastet spürbar ein tiefer Ernst. Aber bisweilen (vgl. auch # 50, # 65, # 77) taucht fast so etwas wie eine Kurskorrektur auf – eine Gegensteuerung gegen das Missverständnis, dass die Hingeburt bleischwer und kaum zu schaffen sei.

Wie kann etwas zu Schweres plötzlich leicht werden? Im sprachlichen Bedeutungshof hat „leicht" keineswegs immer eine gute Presse. „Leicht" wird oft leicht abwertend gebraucht: leichtfertig / Leichtgewicht / leichtgläubig. Um der Nicht-Leichtfertigkeit der Aussage Myōzens auf die Spur zu kommen, rufe ich aus der westlichen Welt drei außerordentlich verschiedene Zeugen dafür auf, dass schwer oder gar nicht lösbare Lebensprobleme bisweilen beglückend und überraschend leicht werden können:

- „Kommt her zu mir alle, die ihr mühselig und beladen seid … Nehmt mein Joch auf euch und lernt von mir … denn mein Joch ist sanft und meine Last ist leicht", sagt Jesus in Matthäus 11,28–30.
- Die Beatles singen: „All you need is love", und das ist und dann wird alles „easy". Wo Liebe ist, gibt es nichts, was man nicht tun, was man nicht retten, was man nicht wissen könnte, nichts, was man nicht zu sehen bekäme.
- Und in Bert Hellingers therapeutischen Familien- und Systemaufstellungen gilt als *das* oder jedenfalls als ein entscheidendes Kriterium dafür, dass die Lösung für ein eigentlich unlösbar verknotetes Problem gefunden worden ist, dass es „leicht" ist.

Wie kann das Schwere leicht werden? Es geschieht einfach. „All you need is love." Im Reinen-Land-Buddhismus ist die Unterscheidung zwischen eigener Kraft und fremder Kraft fundamental. Das Schwere wird leicht, wo die Kraft Buddha Amidas wirkt: grenzenlose Barmherzigkeit. Und auch Hellingers „Ordnungen der Liebe" funktionieren (nur) so, dass die Lösung auf einer Ebene auftaucht, die die Ebene der Probleme überschreitet.

Dabei sind Lösungen oft nicht Steigerungen von Komplexität, sondern deren Abbau oder gar deren Verschwinden durch qualitative Umstellungen im System. Man könnte von Transformation sprechen. Die Leichtigkeit, die dabei entsteht, die Reduktion von Komplexität haben mit Atavistischem, Archaisierendem, Primitivem nichts zu tun. Sie sind kein einfacher Regress und keine Simplifikation.

75 Vagabundierende Gedanken

Einer fragte Kyōjitsu-bō: „Ich sage den Namen und weiß, dass das Aussprechen der Schlüssel dazu ist, Geburt zu erlangen, aber meine Gedanken verlieren sich in den Sümpfen und auf den Bergen dieser Welt, und ich sage es nur mit meinen Lippen. Was sollte ich tun?" Er antwortete: „Als du dich mit der Idee auf den Weg gemacht hast, hierher zu kommen, hast du sicherlich nicht bei jedem Schritt gedacht: ‚Ich gehe jetzt dahin', ‚Ich gehe jetzt dahin'. Du bist mit deinem Verstand voll von Gedanken hierher gegangen, die damit in keinerlei Beziehung stehen. Trotzdem hast du nicht aufgehört zu gehen, und du bist angekommen.

Entsprechend: Wenn du erst einmal die Erwartung auf die Geburt in das Land der Glückseligkeit erweckt hast und dann darin fortfährst, den Namen des Amida bis zum Ende deines Lebens zu sagen, wirst du unfehlbar die Geburt erreichen, obwohl dein Verstand dabei abirrt."

Wie authentisch kann und muss ein Mensch auf seinem spirituellen Weg sein? Die programmatischen Erwartungen des Fragenden finden weitgehend Zustimmung: ganz bei der Sache sein – mit Herzen, Mund und Händen! Keine Durchhängepartien! Keine Trägheit! Keine Ablenkung! Aber die Erfahrung der Menschen auf dem Weg ist, dass sich derartige maximale Ansprüche nicht halten lassen. Das Gegenteil ist der Fall: Die Gedanken gehen ihre eigenen, fremden Wege. Sie vagabundieren, fliegen davon und mit ihnen Handlungsimpulse, Hemmungen und Stimmungen. Gefühle auf Karussellfahrt. Ein Universum voller Ablenkungen und Störungen. Rummel im Kopf und in den Gliedern. Man könnte an sich selbst, man könnte an dem Weg zweifeln. Vom Zweifel zur Verzweiflung ist es oft nur ein Schritt.

Kyōjitsu-bō ermäßt die Ansprüche, die Menschen auf dem spirituellen Weg an sich selbst haben, nicht, ermutigt aber zu einer realistischen Selbsteinschätzung. Dabei folgt er nicht einer der Grundregeln der Themenzentrierten Interaktion (TZI), dass Störungen Vorrang hätten und darum zunächst einmal bearbeitet werden müssten, damit der Prozess wieder in Gang kommt. Im Gegenteil scheinen Störungen unvermeidlich, aber sie müssen nicht dermaßen stören, dass Weg und Ziel verloren gehen. In vielen Meditationsschulen ist es eine Grundregel, alle Querimpulse im Kopf und im Körper, alle Fantasie-, Angst- und Wunschwelten wahrzunehmen und vorüberziehen zu lassen, statt sich in irgendeiner Weise auf sie einzulassen.

Zum Schluss möchte ich auf der Oberfläche des Textes noch eine Rückfrage stellen: Wäre es denn überhaupt ratsam, bei jedem Schritt auf dem Weg zu denken: „Ich gehe jetzt dahin"? Vielleicht würde es vor anderen gedanklichen Querschüssen bewahren. Aber die Geschichte vom Tausendfüßler, der ins Stolpern kommt, weil er versucht, jeden Bewegungsimpuls in der Abfolge seiner Schritte mit Bewusstseinsklarheit zu begleiten, hat auch ihre Wahrheit. Die Welt des nicht ununterbrochen auch noch selbst reflektierten Vollzugs ist die Welt religiöser Praxis.

76 Hausbau im Kopf

Weil seine Einsiedelei in der Raumaufteilung und in der Grundkonstruktion nicht ganz angemessen und auch nicht bequem war, formte Kū-amidabutsu vom Berg Kōya sie in seinem Geist um und sagte, es wäre gut, wenn alles leicht verändert würde. Als ihm jemand anbot, die Veränderungen vorzunehmen, erwiderte er aber: „Nein, rühr nichts an. Auf diese Weise ist meine Behausung eine Hilfe bei der Weltentsagung. Wenn ich sie ansprechend fände und an ihr anhaftete, würde das gar keinem Zweck dienen."

Was geht in Kū-amidabutsus Kopf vor? Gehört das überhaupt hinein? Renovierungspläne? Schöner wohnen? (vgl. # 18) Meine Antwort: Buddhisten haben einen realistischen Blick für Innenwelten (Kopf) und für Außenwelten (Hausbau). Selbst wenn sie auf dem Weg in die Welt-danach sind, beschäftigt sich ihr Kopf mit den Konstruktionsplänen und Grundrissen dieser Welt und bringt diese Pläne bisweilen sogar ins Gespräch. Gedanken sind ohnehin nicht ganz unter Kontrolle zu bekommen. Was schwirrt einem nicht alles im Kopf herum an Gedanken, an Ideen, an Emotionen. Um auf die Grundaussage und auf den Katalog der Tätigkeitsworte des Predigers in der hebräischen Bibel anzuspielen: „Alles hat seine Zeit" – im Kopf. Und alles hat seinen Platz im Raum und im Körper: pflanzen und ausreißen / töten und heilen / einreißen und bauen / weinen und lachen / Steine werfen und Steine sammeln / suchen und verloren geben / bewahren und verwerfen / auseinanderreißen und zusammennähen / lieben und hassen / Krieg und Frieden (Prediger 3,1–8).

Soweit zum buddhistisch und altorientalisch realistischen Blick. Der nächste Schritt, von dem der vorliegende Textabschnitt erzählt, ist kein Fort-schritt, sondern eher eine Unterbrechung, ein Abbruch. Die Pointe: Pläne, die durch den Kopf schwirren und Realitätskontakt haben, mögen sogar gut sein – man muss sie nicht in die Tat umsetzen. Man muss keine Steine werfen und auch keine sammeln … Wenn dieser Automatismus, der auf jeder Ebene von Denken, Fühlen und Handeln anzutreffen ist, nicht mehr wie unter Zwang abläuft, entsteht eine ungeahnte Souveränität und eine große Freiheit: Präsenz und Barmherzigkeit.

77

Nichts setzt mehr in Bewegung, als dass einem klar wird, dass die Geburt in das Land der Glückseligkeit leicht ist. Hier liegt wesentlich der zentrale Punkt des Reinen Land Weges. Wenn dir die Leichtigkeit, die Geburt zu erlangen, bewusst wird, dann ist es auch so. Trotzdem haben moderne Gelehrte ein Gebräu sich widersprechender Lehren geschaffen. Und wegen der Tiefgründigkeit der heiligen Lehre ist es jetzt gänzlich unmöglich, wahr von falsch zu unterscheiden. Hōnens Worte aber waren frei von dieser Schwierigkeit.

ZENSHŌ

vgl. # 74

78 Lassen

An einem Tempel des Berges Hiei verkleidete sich eine junge Hofdame als Priesterin. In der Mitte der Nacht, nachdem sich alle zurückgezogen hatten, machte sie klare Schläge auf einer Trommel vor dem Tempel von Jūzenji und sang mit vollkommener Klarheit des Herzens: „Lass es sein, wie es sein mag. Bitte, bitte ..." Auf beharrliche Nachfrage hin erklärte sie: „Wenn die Vergänglichkeit der samsarischen Existenz meinen Geist ganz ausfüllt, sage ich: Lass die Dinge dieser Welt sein, wie sie sein mögen. Bitte bring mich zu der Welt-danach."

Sehr konkret wird eine mitternächtliche Szene erzählt und doch fehlen viele Details. Wer ist diese junge Frau? Woher kommt ihre Freiheit, allein außerhalb der Stadt und mitten in der Nacht unterwegs zu sein? Woher hat sie ihre Verkleidungsgarderobe? Und wer hört ihren Gesang, wer fragt nach und wer überliefert das Gehörte?

Ein Detail klärt Hirota auf. Der Tempel von Jūzenji ist einer von sieben Tempeln am Fuß des heiligen Bergs Hiei im Osten Kyotos. In ihnen residierten Schutzgottheiten. Jūzenji wurde als eine Erscheinungsweise des Bodhisattvas Jizo angesehen. Er ist ein Helfer der Reisenden und aller, die in Gefahr sind, sich auf den Wegen dieser Welt und zwischen den Welten zu verirren, das Ziel zu verfehlen. Noch immer sieht man in Japan auf Straßen und Kreuzungen zahllose kleine Altäre für Jizo.

„Lass es sein, wie es sein mag. Bitte, bitte ..." Die junge Hofdame singt sich in ein grenzenloses Akzeptieren hinein. Die spirituelle und oft auch psychologische Logik darin heißt: Erst wenn ich dem, was ist, in dem Sinn nichts mehr entgegensetze, dass ich mich beklage und dass ich es verändern will, können andere Perspektiven Raum gewinnen, kann eine andere Welt auftauchen.

Die gegenwärtige internationale Kurzfassung von „Lass es sein, wie es sein mag. Bitte, bitte ..." heißt bei den Beatles genauso wie in der humanistischen Psychologie „let it be" / „let go". Und schon die mittelalterliche Mystik sprach vom „lassen" – bis dahin, „Gott" zu lassen. „Lassen" ist eine merkwürdige Form von Tätigkeit zwischen aktiv und passiv. Ich tue nichts – ich lasse es ja. Aber es geschieht nicht einfach (passiv). Der subjektiv bewusste Beitrag meinerseits besteht darin, es geschehen zu lassen (aktiv). Das kann ganz verschiedene Erscheinungsformen und Begleitumstände, ganz verschiedene szenische Konkretionen haben. Als grenzenlose Zustimmung kann es resigniert erscheinen, wie eine Art von Kapitulation. Es kann aber auch energievoll, sogar aggressiv ausfallen: Was ich „lasse", kann ich beim Ausatmen wegschicken, mit einem Fußtritt verabschieden. Aber wie auch immer das Lassen gelebt und erlebt wird. Am Ende ist freier Raum, offener Horizont.

79 Vergeblich

> Die „Liturgie des Lobs" oder andere Hymnen zu singen und Leute für Predigten zusammenzubringen, selbst zu einem Tempel, der in den Wäldern eingeschlossen ist, ist eher abträglich.
>
> SHINCHŌ

Es gibt wohl keine kultische Praxis, die Menschen zusammenbringt und zusammenhält, ohne irgendeine Form von Anrufung und von religiöser Rede. Und das alles findet an einem besonderen Ort statt. Ein Beispiel: In einer Schwitzhütte der Cree Indianer aus Kanada, zu der ich eingeladen war, wurde ich Zeuge einer Gebetsrunde und einer konzentrierten kurzen bewegenden Ansprache, die voller Erinnerung an die eigene Vergangenheit und Ermutigung für Gegenwart und Zukunft war. Shinchōs Bescheid rüttelt an diesen Selbstverständlichkeiten und ist das Gegenteil von dem, was religiösen Gemeinschaften in Krisenzeiten auf den Weg zu bringen versuchen. Sie wollen festhalten an den vorhandenen Ausdrucksformen, sie aktualisieren und ihre alte Attraktion neu zurückgewinnen.

Shinchōs Satz, der wie eine Abrechnung mit all solchen Versuchen gelesen werden kann, klingt resigniert, ist jedenfalls das Gegenteil von Programmen des Gemeindeaufbaus und der Gottesdiensterneuerung wo auch immer. Sein Resümee: All dies ist vergebliche Liebes- und Glaubensmühe. Um die Radikalität einer solchen Aussage zu verstehen, muss man sich eine konkrete Situation gegenwärtigen kirchlichen Lebens vorstellen, in der alle Revitalisierungs- und Erneuerungsbemühungen – Umstrukturierungen etwa der herkömmlichen Organisationsformen zugunsten von Zentren, Missions- und Diakonieprogrammen – total infrage gestellt werden. Keine Organisation, die überleben will, kann sich so etwas leisten.

Shinchōs Absage ist nicht einmal begründet. „Umso haltloser", sagen die, die festhalten wollen. Was würde Shinchō antworten? Eure Parole ist das Festhalten, meine Parole heißt „let go" (vgl. # 78). Überschätzt nicht die religiösen Ausdrucksmedien. Das inszenierteste Allerheiligste kann vom unverfügbar Heiligen, kann vom wesentlichen Punkt ablenken, selbst am entrücktesten Ort in den japanischsten Wäldern.

80 Unter Hirschen

Als ich ohne angemessene Kleidung ängstlich dem Winter entgegensah, beschloss ich, vom Berg Kōya herabzusteigen. Aber nahe am Großen Tor traf ich auf einen Hirsch, dessen Fell gerade zu einem Winterpelz herangewachsen war, und ich kehrte um, um auf dem Berg zu verweilen.

HARIMA

Ein klassischer Asket lebt auf dem klassischen Berg Kōya, ist der Wildnis, dem Wind, dem Wetter und den Jahreszeiten ausgesetzt und nicht unterstützt von *out door supply stores* oder *wild life* Warenlagern. Der Winter naht, und ohne einigermaßen angemessene Ausstattung spricht alles dafür, den Rückzug anzutreten. Aber dann trifft er am Großen Tor an der Grenze von Zivilisation und Wildnis einen Grenzgänger aus dem Tierreich, einen Hirschen.

In Kulturen mit schamanischen Restbeständen gilt der Hirsch als Botschafter, ein Nachrichten- und auch Kraftvermittler zwischen den Göttern und den Menschen. In unserer Szene ist seine Erscheinung als solche die Botschaft. Zumindest zeigt er mit seiner eigenen Existenz, dass fühlende Wesen den Winter überstehen können. Die Frage bleibt: Wie tun sie das? Wie könnte es Harima gelingen? Vielleicht sieht die Erzählung gar nicht vor, dass man weiterfragt. Harima kehrt um, geht zurück in die kälter werdende Wildnis.

Ich frage trotzdem weiter: Was der Hirsch von Natur aus bekommt – könnte und sollte sich das Harima in einer kulturellen Leistung nicht beschaffen, bevor er zurückgeht? Oder wird ihm ein Winterfell wachsen? Oder reichte es, diesem Vorbild begegnet zu sein und nun entsprechende mentale Kräfte zu entwickeln, um nicht zu erfrieren? Oder hat Harima ohnehin Hirschnatur – in vielen schamanischen Kulturen eine Selbstverständlichkeit. Sodass der Hirsch ein Teil seines Herzens ist? Oder ist Harima gar der Deckname für einen Hirschen im Waldgebiet des Berges Kōya?

Die krasseste Variante wäre: Der Erzähler hätte kurz vor Schluss nur ein paar Worte, eine kurze Handlungssequenz ausgelassen: Harima tötet den Hirschen und zieht ihm das Fell ab. Schamanen und andere Grenzgänger zwischen Zivilisation und Wildnis tragen nicht selten Kleidungsstücke aus Hirschleder und Hirschfell. Aber das steht nun wirklich nicht da.

81 Endspiel

> Ich habe einen Hijiri gesehen, der lernen wollte, damit umzugehen, dass die Vorräte zu Ende gingen. Denn in der Magerkeit, in der der Rauch der Feuerstelle wegstirbt, zeigt sich, was es wirklich bedeutet, ein Einsiedler zu sein.
>
> ANONYM

Eine der elementarsten ökonomischen Lösungen heißt: Wer nicht wächst, schrumpft. Wo keine Zugewinne zu verzeichnen sind, fängt der Verlust an. Aber es ist auch eine Erfahrung, dass den fetten Jahren magere Jahre folgen. Die Vorräte neigen sich dem Ende zu. Die Erwartungsdynamik schrumpft. Wo nicht die Hoffnung vorherrscht, dass bald alles wieder so wie früher wird, kann Angst aufkommen.

Die spirituelle Logik eines Einsiedlers stellt diese ökonomische Logik, die weit über die Ökonomie hinaus gültig ist, auf den Kopf, durchbricht und negiert sie. In jedem Fall nimmt die spirituelle Logik der ökonomischen Logik ihre angemaßte Selbstverständlichkeit und universale Gültigkeit. Das heißt: Magere Jahre müssen keine Panikreaktion auslösen. Das Leer- und Allewerden gehört zur Wahrheit des Lebens ebenso wie die Fülle.

Ein Einsiedler ist auf dem Weg, die vitalen Erwartungen und Ansprüche an das Leben zurückzunehmen. Wer unterwegs ist und dabei das innerweltliche Ende im Blick behalten will, lernt zunehmend und im konkreten Existenzvollzug, dass am Schluss die Vorräte zu Ende gehen. Schwere depressive Verstimmtheit und Panik sind keine unausweichlichen Reaktionen darauf, jedenfalls nicht bei buddhistischen Einsiedlern. Sie inszenieren ja geradezu diese Erfahrung.

82 Basisregeln für das Basislager

> Es gibt eine mündliche Tradition bezüglich der Einsamkeit. Erstens: Setze dein Leben nicht am selben Platz fort. Zweitens: Lass dich nicht da nieder, wo andere bereits ihre Hütten errichtet haben. Drittens: Verändere nicht demonstrativ den gewohnten Weg deines Lebens mit der Idee, dass du jetzt die Welt hast fahren lassen.
>
> KYŌJITSU

Diese drei Sätze werden erfahrungsgesättigt sein. Vielleicht leuchten die Prinzipien, die hier weitergegeben werden, am schnellsten ein, wenn man die Gegenprobe macht.

Erstens: Setzte ich mein Leben als Einsiedler am selben Platz, wo ich bisher gelebt habe, fort, könnte das Kollektiv um mich herum dabei hinderlich sein, wirklich anders weiterzuleben. Sie wissen, wer ich bin und wer ich nicht bin. Sie spielen die alten Spiele weiter. Vielleicht spotten sie auch. Selbst wenn sie auf Bewunderung für den asketischen Weg umschalteten, könnten sie stören.

Zweitens: Wer konsequent alleine und zurückgezogen leben will, sollte aus der Einsamkeit keine neue Gemeinschaftsform, in welcher unverbundenen Verbundenheit auch immer, entstehen lassen. Rufnähe und Sichtweite sind problematische Abstände. Ein Einsiedler, der den Namen verdient und ihn leben will, ist eben kein Zwei- oder Siebensiedler.

Die dritte Regel entspricht einem Erfahrungssatz, den ich aus therapeutischen Konzepten kenne: *Plus ça change, plus c'est la même chose.* „Je mehr sich ändert, desto mehr bleibt es dasselbe." Veränderungen, die nicht durch den Punkt Null, die radikale Programmlöschung hindurch gegangen sind, sind Manöver auf dem Verschiebebahnhof, wo lediglich die Reihenfolge der Triebwagen versetzt oder ein Signal auf Rot gestellt worden ist. Das meint: Allzu bewusste und demonstrative Veränderungen folgen meist, oft sehr unbewusst, alten Mustern. Sie umgehen den Systemsprung und vermeiden den Wechsel auf eine andere Ebene.

83 Wachstum der Nachtpflanzen

> Steh in den Augen der Leute nicht auffällig da wie Karmesinblätter, die dem fernen Hang I-Tüpfelchen aufsetzen, oder wie ein einzelner Baum im Feld: Die besten Hijiri sind Bambus im Unterholz.
>
> JI-AMIDABUTSU VON SHIMOTSUMURA

Fauna und Flora, Pflanzenwelt und Tierwelt halten Spiegelbilder und Modelle für menschliche Lebensideale und Fehlformen bereit. Ji-Amidabutsu von Shimotsumura zeigt in seiner Bildergalerie drei sehr verschiedene Pflanzenporträts, zwei auffällige auf der rechten, eines auf der linken Seite, das von den meisten notorisch übersehen wird.

I: Karmesinblätter wirken wie schrill rote Farbtupfer, die den Rest mehr oder weniger unsichtbar, jedenfalls unattraktiv machen. Das Besondere will als Besonderes, als die Ausnahme von dem Allgemeinen wahrgenommen werden.

II: Der freistehende Baum ist da ganz anders, selbst wenn er keine deutsche Eiche ist. Er setzt oder stellt sich nicht in Positur, eher setzt er sich aus: dem Licht, dem Sturm, allen Wettern und Jahreszeiten. Und auch wenn er allein an der alpinen Waldgrenze steht und wenn er es nicht darauf anlegt, dass die Leute es sehen: Er hält sich nicht nur aufrecht, er wächst, selbst wenn Äste abgebrochen sind und die geschlossene Gestalt zerzaust wirkt.

III: Bambus im Unterholz ist da ganz anders. Er wird nicht gesehen, hält sich versteckt, verharrt im Allgemeinen, ist den Naturkräften nicht besonders ausgeliefert, steht geschützt im Unterholz, gewissermaßen in Anonymität.

Und warum sollte so, auf dem Bild auf der linken Seite, ein Hijiri leben? Vielleicht braucht eine wirklich spirituelle Entwicklung stille Zeiten und Orte, Unauffälligkeit, Unsichtbarkeit und Anonymität. Sie sollte fremden Blicken nicht ausgesetzt, von der Zustimmung und auch nicht von der Kritik der anderen abhängig sein. Wer so unterwegs ist, muss auch nicht gleich eine vorbildliche Existenz auf dem freien Feld gesellschaftlicher, akademischer und religiöser Sichtbarkeiten führen.

Paul Klee bietet posthum an, ein viertes Bild dazuzustellen. Es geht um ein Motiv, das ihn öfter und schon im Frühwerk beschäftigt hat: das Leben im Schattenbereich, in der Nacht und im Erdreich. Der Titel eines Ölbilds auf Karton aus dem Jahr 1922 lautet „Wachstum der Nachtpflanzen". Aus diesem dunklen Bereich und in ihm hat alles Leben seine Kraft, sich zu zeigen, standzuhalten und zu wachsen: Karmesin, der Baum, der Bambus und das Unterholz.

Wenn die floristischen Leitbilder Karmesin und Baum auf der einen Seite, Bambus im Unterholz auf der anderen sich gegenseitig gänzlich ausschlössen, wäre der Textabschnitt # 83 besser als die Aussage eines Anonymus, eines Namenlosen überliefert als ausgerechnet von einem Mann, der einen so unübersehbar prächtigen, religiös aufgeladenen und geografisch bestimmten, gleichsam karmesinroten Namen hat wie Ji-Amidabutsu von Shimotsumura.

84 Verdeckt

> Das Streben nach Erleuchtung zu erwecken, wird am besten im Verdeckten zuwege gebracht.
>
> HŌNEN

Zum Wortfeld, das hier in Schwingung gerät, gehören Begriffe wie Heimlichkeit, Verborgenheit, Verstohlenheit, Anonymität. All diese Größen schließen sprachlich und der Sache nach unmittelbar an das Schlussbild des vorhergehenden Textes (# 83) an: ein Bambus im Unterholz. Warum im Verdeckten?

In Küsnacht am Zürichsee erzählt man sich, wie ein Jugendlicher eines Tages den langen Gartenweg auf Carl Gustav

Jungs Haus zuschritt und anfing, dem Meister, der in der Tür stand, mit lauter Stimme begeistert von seinem großen Traum der letzten Nacht zu berichten. Jung soll gesagt haben: „Aber darüber redet man doch nicht auf solche Weise!" Und warum nicht? Was aus dem tiefen Inneren kommt, könnte – ans Licht und an die Oberfläche gezogen – verblassen, verletzt und entstellt werden. Poetischer und subjekthafter ausgedrückt: Es könnte sich erschrecken, sich in sich zusammenziehen, unerreichbar werden, wieder verloren gehen, vielleicht sogar zerfallen.

Die Forschung ist sich ziemlich einig darüber, dass Träume etwas bewirken – selbst in dem Fall, dass sie nicht wahrgenommen und erinnert werden. Wie aber soll ich mit ihnen umgehen, wenn sie im Tagesbewusstsein wieder auftauchen? Nach meiner Erfahrung können sie ihre Energie, ihre Impulskraft, ihre produktive Beunruhigung zu früh verlieren, wenn ich sie anderen oder mir selbst zu zügig zu Protokoll gebe, etwa indem ich sie ins Tagebuch eintrage. Damit lagere ich sie ab und neutralisiere sie. Sie beschäftigen mich nicht mehr in dem Maß wie zuvor. Nehme ich sie aber einfach so in meine tägliche Welt mit, können sie auch darin verloren gehen. Die Praxis, Wesentliches im Verdeckten wirken zu lassen und doch Kontakt zu ihm zu halten, ist eine hohe Kunst.

85 Lebensvollzug

Vor langer Zeit traf ich einmal Myōhen, und nachdem ich in die achtzehn Grundelemente der Praxis initiiert war, erbat ich Anleitung zur Meditation der Sanskrit-Buchstaben in einem Mondring. Woraufhin der Meister mich ermahnte: „Wertschätze nicht den Gedanken, gelehrt oder weise zu werden. Selbst als Śākyamuni Praktiken ausübte, um die Buddhaschaft zu erlangen, war er weder Gelehrter noch Weiser. Vielmehr war er ein Anwärter auf die

Erleuchtung, der sich selbst opferte, um die zweite Hälfte einer Hymne zu lernen, und der sein Leben fortwarf, um mit seinem Körper eine Löwin zu ernähren. Von welchem Nutzen also sind schwer verständliche Lehren? Die Sehnsucht nach Erleuchtung ist vorrangig."

Obwohl mir gewährt wurde, die Anleitung zur Ring-Meditation zu bekommen, fühlte ich mich dazu hingezogen, auf das Lernen davon zu verzichten.

GANSHŌ

Im Shingon-Buddhismus gehören zu den achtzehn Grundelementen der Praxis u.a. Reinigungsverfahren, das Schmücken des Altars und Opfer (Hirota 43). Dieser Basis folgen Aufbaustufen, die innerlicher, subtiler, vergeistigter sind. Ganshō möchte darüber hinaus eine besondere Meditation lernen. Hier wird auf eine Imaginationsübung angespielt, in der man sich in einem Mondring Sanskrit-Buchstaben vorstellt, die für bestimmte Elemente stehen, für Erde, Wasser, Feuer, Wind und Luft (Hirota 43 f.). Es handelt sich also um eine hohe Kunst im Umgang mit inneren Bildvorstellungen. Trotzdem meint Myōhen, solche Übungen könnten vom eigentlichen Ziel, von der Erleuchtung ablenken. Die Alternative, vor die Myōhen seinen Gesprächspartner stellt, ist krass: reiner Denkvollzug *oder* ein ganzheitlicher Lebensvollzug. Und wer Lebensvollzug sagt, kann den Tod, den Sterbensvollzug nicht aussparen, wie die zwei Legenden aus den irdischen Leben Buddhas zeigen, auf die hier angespielt wird. Einmal tauschte Buddha mit dem Gott Indra, der sich in einen Dämon, der Menschen frisst, verwandelt hatte, sein Leben gegen den Teil eines religiösen Textes, von dem er nur die erste Hälfte gehört hatte. Ein anderes Mal bot er seinen Körper einer Löwin an, um sie davon abzuhalten, ihre eigenen Kinder zu fressen (Hirota 44).

Die Alternative ist und bleibt krass: Denkvollzug und Steigerungen der religiösen Übungen *oder* ein ganzheitlicher Lebensvollzug, der das Sterben und den Tod nicht ausschließt.

86 Unauffällig besonders

> Als ein Einsiedler zu leben heißt, ungebunden von den Dingen der Welt zu sein; es ist, als ob man einen Bambuszweig aus einem dichten Gebüsch zöge.
>
> KYŌBUTSU

Wofür könnte „dichtes Gebüsch" stehen? Ich assoziiere: „Dichtes Gebüsch" ist die Gemengelage aus Erbgut und Umwelt, aus familiärer, gesellschaftlicher und religiöser Sozialisation. Dieses Gebüsch ist da und wuchert weiter. So ist „ich" geworden, und so wächst es. So ein Gebüsch schützt und hält, betäubt aber auch. Denn es ist und schafft Unmengen alternativeloser Selbstverständlichkeiten. Es ist die Welt des „man" und der Manieren. „Man" hat sich eingerichtet und ist ausgerichtet worden. Wer in der Mitte des Gebüschs lebt, kann ein Außen, ein Jenseits zu dieser kompakten und engen Welt nicht einmal vergessen, weil er es nie gekannt, oft auch nicht geahnt oder Sehnsucht danach gehabt hat.

Einsiedler werden, sagt Kyōbutsu, ist der Vorgang einer Extraktion, eines Aus-zugs, einer Ab-lösung. Ein einzelner Bambuszweig, vermutlich noch grün und gänzlich unverholzt, wird aus dem Gebüsch herausgezogen. Damit wird er sichtbar, schutzlos, verliert alles unbewusst Selbstverständliche. Ein einzelner Mensch wird Ein-siedler, Einzelner. Aus der Sichthöhe und Sichtweite der Gebüschleute ist er auf dem besten Weg, ein Eigenbrötler zu werden, Eigensinn zu entwickeln. Aber eben diese Entwicklung meint nicht die Karriere neuzeitlicher Ich-Individualität oder gar den Aufbau einer Persönlichkeit. Gerade als Extrahierter, als Herausgezogener kann er noch anonymer als vorher bleiben. Als Teil dichten Gebüsches hatte er doch noch seine Definitionen, seine eingrenzenden Bestimmungen und eine Kollektividentität. Jetzt hat er all das verloren.

Nur wenn man so versteht, kommt man auch nicht in einen unauflöslichen Widerspruch zu Textabschnitt # 83, wo ein anderer Autor Einsiedler – im Gegensatz zu den schrillen Karmesinblättern und den herausragenden einzelnen Bäumen im Feld – gerade als Bambus verstanden wissen wollte, der im Unterholz verbleibt. Vom Herausgezogen-Werden war da nicht die Rede. In dieser Hinsicht ließe sich der vorliegende Textabschnitt als ein Widerspruch, zumindest als eine Radikalisierung von # 83 verstehen: Der Bambus wird schutzloser und versteckloser. Der Aus-zug führt aus der letzten Allgemeinheit in eine unwiderrufliche Besonderheit. Aber eben diese Besonderheit bleibt unauffällig und anonym.

87

Als sie mit Kyōbutsu-bō in Kyoto waren, sagte Kakumei-bō zu Shōren-bō: „Das Verhalten der Übenden früherer Zeiten unterscheidet sich von dem, was wir heute sehen. Früher diskutieren Hijiri-Mönche unter sich darüber, ob sie sich persönlich nach der Welt-danach sehnten oder nicht. Jetzt sprechen sie über die Leistungsstärke in Bezug auf die Gelehrsamkeit als den entscheidenden Punkt dabei, was es heißt, sich auf den Weg zu machen."

„Ja", sagte Kyōbutsu-bō, „das Leben der Übenden hat sich stark verändert."

88 Elefantenfriedhof

> Wenn du deinem unsteten Leben des Erbettelns von Almosen und der Übungspraxis nachgehst, erwäge sorgfältig die Vor- und Nachteile verschiedener Plätze als Ort für deine letzten Momente. Entscheide vorher, wo du dazu in der Lage sein wirst, deinem Bestreben nach der Welt-danach mit ruhigem Herzen nachzugehen und dabei alles Anhaften am Selbst und alles Interesse an Ansehen hinter dir zurückzulassen. Menschen, die kein Bestreben haben, sind gänzlich ohne solchen Blick in die Zukunft.
>
> ANONYM

Die Kunst des Sterbens ist nicht weniger komplex und umfassend als die Lebenskunst. Aber in unserem Textabschnitt ist nur ein einziger Aspekt wirklich im Blick. Es geht um die Ortsfrage: Wo ist der geeignete Ort, in der oft kurzen Zeit des Übergangs bereit zu sein für den Übergang? An dieser Fokussierung ist bemerkenswert, dass der, der zitiert wird, davon ausgeht, dass Menschen in der Todesstunde eine gewisse Autonomie und Bewusstheit haben. Sie sind nicht bettlägerig, nicht hospitalisiert, medikamentös nicht ruhig gestellt. Sie können diese Momente aktiv gestalten. Sie haben, ohne fremdbestimmt zu sein, leben wollen. Sie erwarten, dass sie genauso aus dem Leben heraustreten können. Dazu gehört wie selbstverständlich, dass bei einem solchen Erwartungsmodell „Anhaften am Selbst" und alles Interesse an „Ansehen" äußerst hinderlich sind.

Am Ort, den ich suche, werde ich mich selbst freigeben. Ich werde so allein sein, wie ich immer schon alleine war mit mir selbst und immer weniger noch mit mir selbst. Da brauche ich keine fremden Blicke, die mich skeptisch beobachten oder mich anstaunen. Vielleicht greift das Bild des Verstecks: Die Welt / ich selbst sollen mich nicht mehr finden – aber der Buddha. Im Reinen-Land-Buddhismus gibt es in der inneren Vorstellung wie in vielen bildlichen Darstellungen die Erwartung, dass in der Zeitspanne des Sterbens Buddha Amida mit vielen

Bodhisattvas aus dem Himmel dem Sterbenden mit Musik und Gesang entgegenkommt und mit hinfort nimmt in sein Land.

Eine Querfrage: Wohin fliegen, gehen und kriechen Tiere auf dem Weg in den Tod? Kann ich vom Gang anderer Kreaturen für meinen Gang etwas lernen? Wohin ziehen sich die Elefanten im Dschungel zurück? Fragt man so naturgeschichtlich, bleibt deutlich, dass sich die Suche nie allein auf einen inneren Ort bezieht, sondern dass es immer auch um einen äußeren Ort geht. Der leibliche Weg auf der Erde bleibt im Blick, nicht nur die Flugbahn des Seelenvogels.

Was also könnte der Ort sein, an dem das Herz seine Ruhe finden kann, um bereit zu sein für den Übergang aus dieser Welt heraus – ein Übergang, der bestimmt nicht weniger radikal ist, als es die Ankunft in ihr war?

89 Begrenzte Schrankenlosigkeit

> Bei der Unterdrückung sexueller Begierde ist die Betrachtung des körperlichen Verfalls oder der Vergänglichkeit sekundär. Primär ist Armut. Darum sagte Meister Hōnen in seinem Alter: „Ich bin mit Problemen nicht besonders belastet, denn ich setze Armut und Niedrigkeit an die erste Stelle. Weil es den Übenden in diesen Tagen aber gut geht, finden sie Einschränkungen schwer." Der Meister sprach nie über Beziehungen zwischen Männern und Frauen, nicht einmal beiläufig.
>
> KYŌBUTSU

Viele buddhistische Schulen üben den Blick für die Hinfälligkeit des Körpers so anschaulich und drastisch wie möglich ein. Dabei widerspricht Meister Hōnen der gängigen Auffassung, dass dadurch der sexuelle Antrieb wirksam gebremst werden könnte. Er fokussiert dem gegenüber auf Armut und Niedrigkeit. „Armut“ scheint hier umfassend gemeint zu sein, nicht nur als Verzicht auf Ekstasen aller Art, auf Rausch und Glück, sondern als Gewinn von Freiheit, mönchischer Un-abhängigkeit und Souveränität. Wer nicht in der Dynamik engagierter Beziehungen lebt, bewegt sich nicht im Spannungsfeld von hochgeschraubten Erwartungen an sich und die Partner und von entsprechend tiefen Enttäuschungen. Hōnen, der durchgängig zölibatär lebte, könnte sagen: Ich schaffe mir gar nicht erst die Probleme, nach deren Lösung andere lebenslänglich vergeblich suchen.

Wo „Armut“ als Grundeinstellung zum Leben propagiert wird, muss also nicht von vornherein Lebensuntüchtigkeit, Vermeidungshaltung oder Verlierermentalität mit im Spiel sein. Ein solcher Lebensentwurf ließe sich vielmehr auch mit einer stabilen Wetterlage vergleichen, mit einem gleichmäßig verlaufenden Weg auf einem etwas kargen Hochplateau, auf dem man das Leben elementar zu spüren bekommt. Das ist ein alternativer Weg zu den Achterbahntouren von himmlischer Lust und von Höllenqualen. Religionspsychologen scheuen sich nicht, in diesem Zusammenhang von einem „sekundären“ oder „gestalteten“ „Narzissmus“ zu sprechen.

Wo in Bezug auf verschiedene Lebensentwürfe nicht von vornherein ab- oder aufgewertet wird, kann die Frage nach echten Alternativen auftauchen: Wer entscheidet sich für den einen, wer für einen anderen Weg? Was ist der Gewinn, was der Verlust? Was ist leicht? Was ist schwer?

Ich finde es interessant, dass Hōnen den Zeitgeist mit ins Spiel bringt. Seiner Ansicht nach fallen „in diesen Tagen“ Einschränkungen aller Art schwer. In der Tat: Der Zeitgeist, das gesellschaftliche Klima prägen Grundeinstellungen und Mentalitäten – noch und auch in religiöser Praxis. Und wie ist es „in unseren Tagen“? Natürlich hat kapitalistisch und konsumistisch die Schrankenlosigkeit einen hohen positiven Stellenwert. Das gilt auch dort, wo Grenzen global und lokal immer spürbarer werden. Lebensgier wird angeheizt durch Beschleunigungsprozesse auf allen Ebenen. Die Wünsche werden schneller, weil sich die Erfüllung nicht verzögert. Insofern ist jede Form von

„Einschränkung" oder gar „Unterdrückung" kaum vorgesehen, und eine leicht hedonistische Anspruchshaltung herrscht in jedem Lebensalter vor.

Andererseits: Die meisten Zivilisations- und Kulturkritiker sind sich darin einig, dass die durchschnittlichen Mitteleuropäer im Vergleich zu den Zeiten der „sexuellen Revolution" in den 60er- und 70er- Jahren des vorigen Jahrhunderts *„nach* der Orgie" leben. Ein neues Schambewusstsein breitet sich aus. Rückzugstendenzen vor die Monitoren und in die Singlehaushalte hinein sind oft verbunden mit anderen als primär partnerschaftlich sexuellen Zielrichtungen. Jedenfalls haben die Variationsbreite erotisch sexueller Wunschwelten und Verwirklichungsformen und deren verschiedene Intensitätsgrade heftig zugenommen. Von da aus gibt es Gründe dafür, auch heute zu fragen: Wer entscheidet sich für den einen, wer für einen anderen Weg? Was ist der Gewinn, was der Verlust? Was ist leicht? Was ist schwer?

90 Die Herzen in die Höhe

Um einem Mitübenden die ideale Haltung von einem, der die Welt-danach sucht, nahezubringen, sagte Kyōbutsu-bō: „Mag die tägliche Existenz armselig und durchschnittlich sein, mein Herz ist erhoben."

Hier kommt ein religiöser und philosophischer Grundgedanke zum Ausdruck. Er ist nicht ein reines Konstrukt, sondern lebenspraktisch gemeint und beruht oft auf einer elementaren Erfahrung, zu der auch ein Übungsweg gehören kann. Das Lebenszentrum ist nicht vollständig abhängig und geprägt von äußeren Lebensumständen. Die „Basis" bestimmt nicht alle Dimensionen des „Überbaus". Es gibt Reichtum und Armut zugleich. Und diesen Sachverhalt sofort auf „innen“ (Reichtum) und „außen“ (Armut) zu verteilen, ist nicht angemessen und wird im Textabschnitt so auch nicht formuliert. „Herz“ umfasst die ganze Existenz, das Gesamt von Innen und Außen. Verhielte es sich nicht so, wäre das Herz auch nicht so belastbar stabil gegenüber äußeren Miseren. So aber entstehen eine gewisse Freiheit, eine Unabhängigkeit, eine Souveränität und eine Stärke.

Aber Kyōbutsu-bō geht noch einen Schritt über diese philosophische und religiöse Grundeinsicht hinaus. Sein Herz ist nicht nur stabil und belastbar, sondern „erhoben“, begeistert, verzückt, exaltiert, leidenschaftlich erregt, angespannt hin auf die Welt-danach. „Die Herzen in die Höhe“, heißt es in christlichen Abendmahlsliturgien. Wer die Wegrichtung kennt, lässt sich nicht mehr festhalten, niederdrücken oder aus der Bahn werfen. Er ist unterwegs, halbwegs schon am anderen Ort.

91 Warum kompliziert, wenn es einfach geht?

Neulich stieß eine kurze Begegnung mit dem ehrwürdigen Myōzen meine bisherigen Annahmen um. Ich hatte nämlich über die einfachsten Sachen hoch kompliziert nachgesonnen. Es geht wirklich nichts darüber hinaus, sich selbst aufzugeben, und voller Freude das *nembutsu* zu sagen.

KYŌBUTSU

Das „Einfache“ hat viele Gesichter, aber auch viele Programmierer und Skeptiker. „Sancta simplicitas“, sagt man auf Latein und meint es oft leicht ironisch: „heilige Einfalt“. Wer „einfach“ sagt, ist auf dem besten Weg, alles *noch* einfacher zu meinen und zu machen und damit über den Komperativ zum Superlativ zu kommen: „Simplicius Simplicissimus“ – um auf den Romantitel von Grimmelshausen (1669) anzuspielen. Dieser Titel oder Teile von ihm hat viele Vor- und Nachspiele. Nicht nur ein christlicher Märtyrer und ein Papst des 5. Jahrhunderts heißen „Simplicius", sondern „Simplicissimus" war (mit Kalenderunterbrechungen) von 1896 bis 1967 eine deutsche politisch-satirische Wochenzeitschrift. Satire ist gut, Skepsis gegenüber jeder Erscheinungsform von „Simpel" und erst recht gegenüber dem *simplificateur terrible* werden satirisch verstärkt.

Trotzdem sind die weniger terriblen Simplifikateure geradezu missionarisch weiter auf dem Markt. Werner Tiki Küstenmacher etwa verkauft seit Jahren in Kreisen von weltlich und kirchlich Gestressten sein multimediales Beratungsprogramm „Simplify your life. Einfacher und glücklicher leben". Und in akademischen Kreisen ist bei den systemischen Ansätzen „Reduktion von Komplexität" eine wichtige Deutungs- und Handlungskategorie.

Wenn überhaupt gibt es vielleicht *hier* leichte Anschlüsse an die Einfachheit, die Myōzen und Kyōbutsu beschäftigen. Wie sich „einfach" steigern lässt, so Komplexität. Man kann sich juristisch, theologisch, philosophisch in derart „komplexen" Höhen bewegen, dass nicht nur die Luft dünn wird, sondern dass auch Sachbezüge zu entschweben drohen. Die vorliegende Spruchsammlung ist voller begründeter – und oft nicht einmal begründeter – Kritik gegenüber solchem Verlust von Bodenhaftung.

Wie es Vorurteile gegen das Einfache gibt, so Skepsis, wo einer, wie Kyōbutsu es tut, in einer lebenswichtigen Angelegenheit ohne kritische Nebentöne „Freude" ins Spiel bringen will. Religiös und auch psychoanalytisch ist „Freude" sehr viel weniger salonfähig als „Wut", „Angst", „Eifersucht", „Trauer" usw. Aber „Freude" kann eben mehr und anderes als eine vorüberfliegende Stimmung, ein bloßer Affekt oder ein vages Gefühl sein. Nach Verena Kast ist Freude ein positiver „Komplex", eine Grundemotion, die das Leben so durchziehen und prägen kann wie etwa die „Angst" oder Schuldkomplexe. Religion ist nicht nur für die Bearbeitung des Negativen zuständig, sondern für das Aufkommen von ansteckender und nachhaltiger Freude. Diese Freude *entsteht* und wird nicht künstlich herbeigeführt. Sie darf in der Praxis des *nembutsu*-Sagens auch nicht nur als Nebenwirkung verstanden werden, sondern sie ist eine Hauptwirkung, die Myōzen mit der Reduktion von Komplexität, mit dem Einfachen in Verbindung bringt. Freude, wenn sie nicht Schadenfreude oder verordnet ist, ist einfach, sie ergibt sich, sie lebt in Bereichen diesseits von Reflexion und Kalkulation, im Selbstverständlichen.

Ein Querschuss zur christlichen Überlieferung zum Schluss. Im Neuen Testament sind „Freude" und „sich freuen" keine Fremdwörter, vielmehr nicht weniger als einhundertdreiunddreißig Mal wörtlich so zu finden. Das muss gar nicht erstaunen, hat doch die christliche Verkündigung eine „frohe Botschaft" weiterzugeben: „ … denn siehe, ich verkündige euch große Freude, die allem Volk widerfahren wird", sagt der Engel in der Weihnachtsgeschichte (Lukas 2,10). Und was die Hirten und die Könige zu sehen bekommen, ist nun wirklich „einfach" – im Stall, im Stroh, in der Krippe.

92 Säkularisierung stufenweise

Wenn gelehrte Mönche verschiedener Schulrichtungen dazu aufgefordert werden, Dienst am kaiserlichen Hof zu tun, verbringen sie die Zeit, bevor es beginnt, damit, dass sie sich miteinander über Angelegenheiten wechselseitigen Interesses beraten. Bis zur Zeit des Kaisers Ichijō diskutierten sie ausschließlich über den Weg, die Welt-danach zu erreichen. Denn ihre Studien der esoterischen und der exoterischen Schriften war wohl einzig auf die Befreiung von der samsarischen Existenz ausgerichtet. Von der Zeit der Herrschaft des Kaisers Shirakawa an begannen sie, über die heiligen Texte als solche zu reden. Zur Zeit des Kaisers Toba wurden weltliche Angelegenheiten ihr einziges Interesse. Das war zu der Zeit, als ich am Hof diente. Bis dahin wurden die Diskussionen wenigstens aufgezeichnet. Jetzt geschieht nicht einmal mehr das.

ANONYM

Dies ist das Protokoll einer umfassenden Säkularisierung im Zeitraum von etwas mehr als nur einem Jahrhundert (986–1123). Die Religion verweltlicht, sie ist keine Alternative mehr zu dieser Welt, sondern deren nicht einmal reflektierte Bestätigung. Die Symptome des Verfalls werden sehr genau beschrieben. Zuerst hatte das Studieren religiöser Texte ein klares Lebens- und Praxisziel: die Befreiung von dieser Welt. Dann aber fokussiert sich das Interesse auf die philologische und ästhetische Eigendynamik der Texte. Die letzte Station dieses Verfallprozesses ist dadurch charakterisiert, dass nun auch das reine, isolierte Interesse am Text überhaupt verschwindet. Man bewegt sich in der unbefreiten Zone innerweltlicher Zusammenhänge, gibt (sich) das zunächst noch zu Protokoll, dann aber auch nicht mehr das. Der Traditionsabbruch ist so krass, dass er nicht einmal mehr für das gegenwärtige Bewusstsein und für die Nachwelt dokumentiert wird.

Lässt sich etwas von diesem Beobachtungsraster in westliche Gegenwart übersetzen? Könnte die Beschreibung der Symptome unsere Selbstwahrnehmung schärfen? Viele Kulturkritiker sind der Ansicht, dass die gradlinigsten Säkularisierungsprozesse ihren Höhepunkt bereits überschritten haben, dass Religion – auch aus religions-politischen Gründen – eine neue Blüte erleben könnte. Dabei bleibt aber die Gefahr bestehen, dass akademische Studien und Fachdiskussionen das Lebensverhältnis zur Sache verlieren.

Auch in gegenwärtiger religionswissenschaftlicher und theologischer Geschäftigkeit, in synchronen und diachronen Textanalysen kann der Lebenszusammenhang aus dem Blick geraten. Und dies gilt, obwohl die historisch kritische Forschung nach dem „Sitz im Leben“ der Überlieferung fragt, und obwohl ganzheitliche hermeneutische Ansätze auch die Bedeutung ferner und fremder Überlieferung für die Gegenwart zur Sprache bringen sollen. Nichts anderes meint Rudolf Bultmanns Programm einer „existenzialen Interpretation“.

93 Mobilmachung einst und jetzt

Für die ehrwürdigen Mönche der alten Zeit war der große Kernpunkt ihr ganzes Leben hindurch die Frage, ob sie das Streben nach der Erleuchtung haben oder nicht. Die, die in späteren Zeiten lebten, kamen dahin, Texte zu diskutieren. Jetzt sprechen sie über nichts anderes als ihre Kriegsgeschichten.

HONGAN VON HÔDÔ-IN

Die Aussage ist noch umfassender als die kritische Bilanz im Textabschnitt zuvor (# 92). Sie betrifft *alle* Mönche, nicht nur die gelehrten Höflinge. Eine weitere, fast zynische Steigerung der kritischen Perspektive besteht darin, dass von den „weltlichen Angelegenheiten" nur die Kriegsgeschichten übrig bleiben. Warum gerade die? Vielleicht, weil sie dem „Streben nach der Erleuchtung", wiewohl konträr in der Zielrichtung, energetisch dann doch näher sind als der reine *Small Talk*.

94

Dem weltlichen Leben zu entsagen oder ein Einsiedler zu werden, bedeutet im Wesentlichen, den Tod am Straßenrand oder in einem Feld zu treffen. Behalte dies im Sinn, und du wirst niemals auch nur für einen Moment andere beneiden, wie entmutigend deine Erfahrung auch sein wird. Aber selbst dabei musst du auf die Kraft des Buddha vertrauen.

MYÔHEN

vgl. # 59

95 Checkliste

> Es gibt drei Hindernisse für die Befreiung. Erstens: wertgeschätzter Besitz – einschließlich heiliger Bilder für den Altar und Abschriften von Texten für den täglichen Gebrauch. Zweitens: deinem Leben einen hohen Stellenwert einzuräumen. Drittens: die Anweisungen eines wahren Lehrers nicht zu beachten.
>
> GEDATSU

Das sieht fast wie eine Checkliste aus, die durchaus auch interreligiöse Gültigkeit, jedenfalls Anschlüsse an franziskanische Armut, an calvinistische Bilderkritik und an johanneische Weltdistanz hat: „Habt nicht lieb die Welt, noch was in der Welt ist"(1 Johannes 2,15). Schwerpunkt meines kurzen Kommentars soll Punkt 3 sein. Denn die grundsätzliche Kritik an jeder Form von Besitz und die Skepsis gegenüber dem Medium Schrift sind schon öfter angesprochen worden.

Der letzte Satz thematisiert die Beachtung der Anweisungen eines „wahren Lehrers". Das klingt nach Hierarchie und „autoritärem Charakter" (vgl. Adorno). Pink Floyd dröhnt im Sprechgesang dagegen an: „We don't need no education … Teachers leave the kids alone." Aber in mönchisch buddhistischen Traditionen wird der Lehrer nicht aus einem preußischen Schulministerium geschickt. Oft teilen Schüler mit ihrem Lehrer über Jahre seinen Tag und seinen Alltag, sind Gehilfen, Wahlsöhne oder Wahlenkel. Und das Lernen in dieser Beziehung – in voller Nähe und Distanz zugleich –, ist Erfahrungs- und Imitationslernen (vgl. # 66).

„Learning by doing." Dabei sind weniger gesonderte Instruktionen, sondern die äußerst langsame Aufnahme und Übernahme von Verhaltensformen, aber auch von kognitiven Einstellungen und Gefühlsreaktionen wirksam. In einer solchen Interaktion wird kaum zurückgefragt und noch weniger diskutiert. Auf diese Weise kann der Lehrer seinen Schüler außerordentlich gut kennenlernen: seine Widerstände, sein

Nichtverstehen, seine Stärken und Bereitschaften. Der Lehrer ist ein unaufdringlicher, leicht spröder Begleiter, ein „Mystagoge“ – d.h. einer, der in die Geheimnisse (griechisch: *mysterion*) des Lebens und des Glaubens einführt. Der Schüler kann seinem Lehrer gegenüber so viel Vertrauen entwickeln, dass er damit rechnet, dass der Lehrer mehr über ihn und seinen Lebensweg weiß als er selbst, und dass er darum seine Impulse, seine Ratschläge, seine Anweisungen hört und befolgt. So kann es dann auch zu so etwas wie „Anweisungen“ kommen.

96 Leben auf Millimeterpapier

> Die Behausung für einen, der die Welt-danach sucht, sollte das Maß von drei *ken* nicht überschreiten: einen für den Altarraum, einen als Lebensraum und einen für alltägliche Verrichtungen und Notwendigkeiten.
>
> EINE AUFZEICHNUNG VON SAICHŌ

Viele Japaner, wenn sie nicht gerade Sumo-Ringer sind, wirken oft geradezu fragil und zierlich im Vergleich zur Mehrzahl der mitteleuropäischen Bevölkerung. Trotzdem ist die häusliche Welt, in die Saichō Einsiedler einweisen möchte, mit gerade einmal fünf Quadratmetern nun wirklich eng: drei Karrees von 1,70 mal 1,70 m.

Ob das eine spirituelle und leibliche Übung sein könnte: probeweise für eine Stunde oder für einen Tag drei Raumflächen solchen Ausmaßes in der eigenen Wohnung, in einer Lagerhalle oder in einem Unterstand im Wald zu markieren, sich von Raumsegment zu Raumsegment zu bewegen und sich dann und wann auch zur Ruhe zu setzen? Was steht im Altarraum? Welche religiöse Praxis übe ich darin aus? Wie bewohne ich den mittleren Bereich? In welchen Rhythmen werde ich dort essen, warten, nach außen und nach innen hören, reden, schweigen, schlafen? Und der Raum fürs Alltägliche? Was gehört dorthin? Was tue ich dort?

Ich finde es bemerkenswert, dass und wie Saichō die Lebenswelten des Einsiedlermönchs so klar unterscheidet und architektonisch realisiert sehen möchte. Um leicht zu verallgemeinern: Solange Menschen in ihrer leiblich endlichen Existenz auf dieser Erde leben, brauchen sie

- (einen) Raum (und sei es nur einen „Herrgottswinkel" oder eine „Mutter-Gottes-Ecke") für religiös-meditative Praxis,
- (einen) Raum für das normale, manchmal auch kommunikativ-festliche Leben. Im Englischen lässt sich das kurz und überzeugend sagen: Sie brauchen einen *living room,*
- (einen) Mehrzweckraum (Küche, Keller, Bad) zur Essenszubereitung, zum Waschen, zum Aufbewahren von Vorräten und Werkzeugen.

Die Aufgabe besteht darin, diese Räume mit Leben zu füllen. Millimeterpapier für die Planung gibt es in jedem Schreibwarengeschäft.

vgl. # 18 / # 76

97

Von der Zeit an, als ich zum ersten Mal die Welt verließ, habe ich mich mit dem Wunsch nach einem frühen Tod beschäftigt. Nachdem ich dies nun mehr als dreißig Jahre lang weiterführe, vergesse ich es nicht einmal für einen Augenblick. Weil ich auf einen baldigen Tod hoffe, bin ich trostlos und von Befürchtungen aller Art gepackt, wenn ich mir vorstelle, dass mein Leben auch nur etwas länger andauern wird. Auf diese Weise mache ich Schluss mit allem Drang, doch noch ein besseres Geschick zu haben. Ist nicht die wichtige Angelegenheit, die samsarische Existenz abzuweisen?

KENSHŌ

vgl. # 59

98 Es gibt ein sichtbares Leben im Unsichtbaren

Kyōshin, der sich in Kako niederließ, errichtete keinen Zaun zum Westen hin. Zum Land der Glückseligkeit war das Tor offen. Auch schloss er kein Bild für die Anbetung in einen Schrein ein, wie es angemessen gewesen wäre. Er bewahrte auch keine heiligen Bücher auf. In der Erscheinung war er kein Mönch, aber auch nicht weltlich, schaute immer in den Westen, sagte das *nembutsu* und war wie einer, für den alles andere vergessen war.

Kyōshin, ein früher japanischer Pionier des krassen Buddhismus des Reinen Landes (gest. 866), brach seine Priesterkarriere ab, pilgerte durch Japan, ließ sich irgendwo nieder, heiratete, lebte in Armut, bestellte Felder, war Lastenträger und – was seine religiöse Orientierung anbetrifft – „siehe oben". Er praktizierte das *nembutsu* und lebte ansonsten in einer selbst- und religionsvergessenen Offenheit und weitgehenden Schutzlosigkeit. Er verwahrte keine heiligen Gegenstände für irgendeine religiöse Praxis oder gar Bücher für Studienarbeit. Man sieht ihm nichts an.

Aber gerade so frage ich: Wie sieht denn ein Mensch aus, der weder das Anzeichen eines Mönchs, noch das eines Laien an sich trägt? In welcher Unscheinbarkeit, in welcher Anonymität lebte er? Und wenn man ihm auch nichts von seinem radikal offenen Existenzvollzug ansah – sein bescheidenes, offenbar doch dreiviertel eingezäuntes Anwesen unterschied sich unübersehbar von den anderen. Ihm fehlte der Zaunteil zum Westen hin. Kyōshin wollte sich den inneren und äußeren Blick zu der Bewegungsrichtung des Buddha Amida nicht zubauen: Die Praxis des *nembutsu* ist nach Westen hin ausgerichtet. Vom Westen her wird in der Todesstunde der Buddha mit vielen Bodhisattvas kommen.

Man kann sich nicht nicht einrichten (vgl. # 18). Wer mit Kyōshin auf dem Weg ist, alles zu vergessen, vergisst nicht, diesen Weg zu markieren. Und das heißt: Es gibt ein sichtbares Leben im Unsichtbaren.

vgl. auch # 76 / # 96

99 Tiefe Oberflächlichkeit

Tief über die Bedeutung des *nembutsu* zu sprechen, ist – gerade im Gegenteil – ein Zeichen von Oberflächlichkeit. Selbst wenn dein Nachdenken nicht tief geht, wirst du gewiss die Geburt erlangen, wenn nur deine Sehnsucht tief ist.

HŌNEN

„Die Welt ist tief … und tiefer als der Tag gedacht“, heißt es in Zarathustras „anderem Tanzlied“ (Friedrich Nietzsche: Also sprach Zarathustra. Dritter Teil). Wer „Tiefe“ sagt, meint oft eine Steigerung, eine Überbietung. Der Schritt soll voran gehen: von der Kühltruhe zur *Tief*kühltruhe, von der Psychologie zur *Tiefen*psychologie, von der Meeresforschung zur *Tiefsee*forschung, vom Sinn zum *Tief*sinn. Spätestens am letzten Beispiel wird klar: „Tiefe“ ist eine sehr relative Größe. Es gibt eine pure Beschwörung der Tiefe und Manöver im vorgeblich abgründig Tiefen, in denen vernebelt und geraunt wird.

Hōnen polemisiert nicht gegen die Dimension der Tiefe zugunsten irgendeiner Höhenlage, auch nicht zugunsten von Oberflächen oder gar von Oberflächlichkeit. Er möchte lediglich den Ort kritisch und klar bestimmen, an dem religiöse Tiefe angemessen ist. Im Text steht die Welt der Sprache und der Gedanken in polarer Spannung zur Sehnsucht, zum Verlangen und zur Ausrichtung auf die Welt des Buddha. Psychoanalytisch kurz gefasst: Hōnen stellt alles, was zum Sekundärprozess gehört, dem Primärprozess entgegen. In ihm strömt die psychische Energie frei. Das Begehren ist leiblich und psychisch stark, und beides gehört untrennbar zusammen. Keine vorbewussten oder bewussten Kontrollinstanzen sind dazwischengeschaltet. In dem Sinn ist der Primärvorgang die Welt der „tiefen“ „Sehnsucht“. Dem gegenüber sind die „tiefen“ Gespräche *über* diese Sehnsucht immer schon sekundär und darum in der Gefahr, den Kontakt zur vorsprachlichen Zieldynamik zu verlieren, zu vermeiden oder gar ersetzen zu wollen. Das kann durch glänzende Reden, durch Rivalitäten, Eitelkeiten und Ablenkungsmanöver aller Art in Gang gesetzt werden. Die Polemik dagegen durchzieht die vorliegende Textsammlung von Anfang bis zum Ende.

100 Ohne ohne

> Der Weg des *nembutsu*-Sagens besteht gerade darin, keinen „Weg“ zu haben. Wenn du es nur ernsthaft sagst, ohne deine Lebensführung oder das Gute und Böse deines Herzen mit in Betracht zu ziehen, wirst du die Geburt erlangen.
>
> HŌNEN

Zum hundertsten Mal, lebenslänglich / todeslänglich – immer derselbe Grundimpuls: Das Namu-Amida-Butsu-Sagen. Diese sieben Meditationssilben. Mantra-artig. Nur dies. Ohne Wege. Ohne Anbahnungen. Ohne Navigatoren. Ohne Vor- und Nachbereitung. Ohne ethische, ästhetische oder religiöse Zensurbehörden. Ohne Selbst- und Fremdevaluationen. Bewertungsfrei. Ohne Qualitätskontrollen. Ohne Gütesiegel. Ohne Stiftung Warentest. Ohne ohne. Kein Probehandeln. Jenseits der unendlichen Achterbahnen zwischen den Polen: teilnehmende Beobachtung und beobachtende Teilnahme. Pure Praxis.

Die einzige Bestimmung, die im Textabschnitt bleibt, ist „ernsthaft“. Was wäre „unerst“? Wofür steht „Ernst“? Könnte auch diese Qualität noch überboten oder unterschritten werden? Gibt es eine Praxis jenseits von „Ernst“ und unernstem Spiel? Steht „Ernst“ für „ganz jetzt“ / „ganz hier“? Aber in welche Bewertungen und Rückfragen gerate ich, wenn ich die reine Präsenz beschwöre und sie zur letzten voraussetzungslosen Voraussetzung mache?

101 Wenn sich die Flüchtigkeit verflüchtigt

> Shōkō lehnte es ab, sich um Gelehrsamkeit zu bemühen. Er sagte: Selbst diejenigen, die sich lange dem Lernen gewidmet hatten, gaben es zugunsten des *nembutsu* auf. In all den so flüchtigen Momenten im Leben einer Person ist es unsinnig, das *nembutsu* zu vernachlässigen und stattdessen zu studieren. Solch eine Aktivität überlässt man am besten der überschüssigen Zeit, die nach dem *nembutsu*-Sagen übrig bleiben mag.

Hier liegt eine weitere Variante der durchgängigen Skepsis gegenüber dem Studieren vor, wann immer es zuungunsten der religiösen Praxis geschieht. Aber der letzte Satz kann irritieren. Dort wird angemerkt, nach der Übung könnte Zeit übrig bleiben zum Studieren. Ist das reine Ironie? Wie könnten in der Grunderfahrung der zerrinnenden Lebenszeit Zeitinseln für ruhiges Studieren auftauchen? Gerät man hier in eine widersprüchliche Doppelbindung: „Studiere nicht!“ / „Studiere!“?

Im buddhistischen Fernsehkanal in Südkorea habe ich vor Kurzem einem langen Interview mit dem vietnamesischen Mönch Thich Nhat Hanh zugehört. Er sprach darin auch über die Basiserfahrung derer, die in seinem französischen Zentrum „Plum Village Sangha“ leben: Sie sind angekommen. Sie sind zu Hause. Sie müssen nicht mehr suchend herumlaufen. In ihrem Leben gibt es keine Hektik mehr. „You don't have to run anymore.“ Könnte es sein, dass sich auf dieser Basis auch die Grundaussage von der Flüchtigkeit und Hinfälligkeit des Lebens relativiert? Wo sich die Flüchtigkeit selbst verflüchtigt, entstehen Freiraum und Freizeit – auch zum Studieren.

Das *nembutsu* ist kein Stoßgebet, sondern die mediale und aktive Aufnahme des Grundtones, der in der Welt ist. Auf der Basis solchen Verstehens und solcher Praxis könnte Studieren eine mögliche und sinnvolle Verstärkung sein.

102 Von hilfreichen Helfern

> Gyōgi lehrte: „Sei immer ein hilfreicher Begleiter von anderen und stehe nicht selbst im Mittelpunkt." Darin, andere zu unterstützen, liegt die wahre Gelassenheit des Herzens.
>
> JI-AMIDABUTSU VON SHIMOTSUMURA

Treffende Karikaturen der Selbstbezogenheit in der vorgeblichen Tiefe des Fühlens und Handelns für andere sind leicht zu finden, zum Beispiel in dem Bekenntnis: „Meine Frau und ich lieben mich außerordentlich." Wohl allen Religionen stehen solcher Fixierung auf das eigene Ich entgegen. Vom Buddha und von den Bodhisattvas, die auf dem Weg zur Erleuchtung sind, wird in Legenden und in historischen Berichten von ihrem selbstlosen Einsatz für andere, selbst für Tiere, erzählt. Der Buddha gibt sich einem beinahe verhungernden Löwenjungen zum Fraß, weil die Mutter keine Beute findet. Und Johannes 15,13: „Größere Liebe hat niemand als die, dass er sein Leben hingibt für seine Freunde." Derartige Selbstlosigkeit bringt befreienden Abstand zu jeder Form der Selbstzentrierung und zu der Sorge um das enge „Ich". Sie führt zur „Gelassenheit des Herzens". Das alles wird nicht dadurch wahr, dass man es weiß und darüber schreibt, sondern so, dass man es praktiziert. Genau so wird die Wirkung spürbar.

Die Tatsache, dass auch Fehlformen dieser Praxis auftreten, ist kein Grund, sie nur halbherzig oder mit psychologisierender Skepsis auszuüben. Natürlich gibt es das „Helfersyndrom" (Wolfgang Schmidbauer), nach dem der Unterstützer an der Not und der Schwäche des anderen sein Ego stärkt und selbst groß herauskommen will. („Helfen heißt herrschen.") Keine Frage: Das Programm der „Selbstlosigkeit" muss von vornherein gut ausbalanciert sein und funktioniert nicht ohne Selbstachtung und ein gewisses Maß von Selbsterkenntnis. Insofern ist die Entdeckung wichtig, dass in Jesu Gebot „Liebe deinen Nächsten wie dich selbst" (Lukas

10,27) so etwas wie „Selbstliebe“ thematisiert bleibt. Martin Buber übersetzt „wie dich selbst“ mit: „Er ist wie du“. Buddhistisch ist die Zusammengehörigkeit von Ich und Du von vornherein mit im Blick: Ich kann mit jedem fühlenden Wesen karmisch-kosmisch in Verbindung stehen. Es kann meine Mutter, mein Bruder, mein Großvater gewesen sein.

Eine andere Fehlform selbstloser Hilfe, die seltener beachtet wird, hat mit der Zielperspektive zu tun. Wünschenswert wäre ja, dass der Gerettete nun selbst selbstlos und frei wird. Es besteht aber durchaus die Gefahr, dass bei ihm eine so starke Restangst bleibt, dass er ein starkes Ich aufbaut, an ihm festhält, eine konsumistisch angepasste Mainstream-Existenz führt und nicht seinerseits zur „Gelassenheit des Herzens“ findet. Aber was ist erreicht, wenn der Weg helfender Unterstützung vom vitalen, oft lebensbedrohenden Slum in die Billigareale trister Vorstädte mit all ihren fragwürdigen Glücksversprechen führt!

103

Ein Hijiri warnte seinen mit ihm zusammen Übenden: „Hungere nicht nach Besitztümern. Anzuhäufen ist leicht, aber wichtig ist das Loslassen.“

104 Sekundärer Analphabetismus

> Nin-amidabutsu vergaß, wie man chinesische und japanische Schriftzeichen schreibt. Er benutzte nur die simpelste Silbenschrift.

Einer der steilsten Sätze aus meiner Gymnasialzeit, die ich nicht vergessen habe, lautet: „Bildung ist das, was bleibt, wenn man vergessen hat, was man gelernt hat." Dieser Satz ist Programm. Er wendet sich gegen ein positivistisches Bildungsverständnis, bei dem es um Anhäufung von möglichst vielem Faktenwissen geht. Dabei übertreibt der Satz seine Pointe ein bisschen, indem er denjenigen, die wirklich gebildet sind, geradezu nahelegt, zu vergessen, was sie gelernt haben. Der vorliegende Satz aus der buddhistischen Tradition ist da weniger programmatisch und weniger emphatisch. Er beschreibt schlicht das Faktum, dass Nin-amidabutsu das meiste, was er in Bezug auf die gerade ostasiatisch hoch entwickelte Schreibkunst gelernt hatte, vergessen hat. Es steht ihm nicht mehr zur Verfügung. Er kommt über die Runden, indem er sich da, wo es nötig ist, mit der einfachsten Silbenschrift begnügt.

Hier wird nicht gedeutet, bewertet, nicht kommentiert – nur konstatiert. Im Gefälle der Textsammlung darf man freilich vermuten, das Nin-amidabutsu als Sympathieträger vorgestellt wird. Von Demenz oder von einem spirituellen Dekompensieren ist jedenfalls nicht die Rede. Auf der Suche nach leicht stolzierenden Begrifflichkeiten für das Symptom, das hier beschrieben wird, fiel mir „sekundärer Analphabetismus" ein. Das hieße: Ich verlerne, was ich gelernt habe. Aber mithilfe des Schreibens und des Lesens habe ich durchaus meine Erfahrungen gemacht. Ich bin be-lesen. Biografisch bin ich ein beschriebenes Blatt. Ich bin „gebildet" – das gilt westlich und östlich. Aber jetzt fallen die komplizierten Schriftzeichen ab und aus. Das ist eine eher buddhistische, aber auch eine generell mystische Pointe der „Bildung". Am Ende steht die „Ent-bildung". Und dies bedeutet weniger einen Verlust als ein Überschreiten.

Wo komme ich hin, wenn ich in die Welt mit immer weniger Schreiben und Lesen gerate? Eine Station wird die unmittelbarere Welt des Hörens und Sprechens sein. Damit verbunden ist ein direkterer neuer Kontakt zu Brüdern und Schwestern, zu Freunden und Lehrern, wenn es sie noch gibt. Der Weg führt heraus aus der Schriftkultur in die größere Unmittelbarkeit persönlichen Zeichenaustausches. Mönchisch freilich wird auch dieses Zusammenspiel von Hören und Sprechen immer weniger werden, und das Hören in die laute Stille und das Schweigen werden zunehmen.

105 Herzlich oder exerzierend?

> Wie tapfer du auch die Sehnsucht nach Erleuchtung erweckt hast, stecke deine aktive Praxis einen oder zwei Pflock zurück. Gib dem Herzen den höheren Platz, der Praxis den niedrigeren.
>
> KYŌRENJA

Bisher und zumeist in der Textsammlung ist die Praxis des *nembutsu* das Ein und Alles – zuletzt in # 100. Dies gilt besonders im Gegenüber zu intellektuellen Zugangsversuchen und gegenüber ethischen Selbstzweiflern. Hier aber liegt deutlich eine Unterbrechung all dieser spirituellen Dauerinstruktionen vor – fast so etwas wie ein Einspruch, eine Kurskorrektur, jedenfalls ein Innehalten. Die Größe „Praxis" wird der Größe „Herz" gegenübergestellt und dabei eine Rangfolge dringend nahegelegt: erst das Herz, dann die Praxis. Warum? Vermutlich jedenfalls auch darum, weil es eine engagierte, aber herzlose / herzferne Praxis gibt, die auf dem Weg der Befreiung völlig disfunktional, das heißt: wirkungslos und schädlich ist.

Ein zentraler Punkt in Sigmund Freuds früher Religionskritik bestand in der Beobachtung, dass es in der Ausübung von Zwangsritualen eine Parallele zwischen Militär und kirchlicher Religion gibt. Geistliche Exerzitien, besonders in Form von liturgischen Gruppenritualen, und militärisches Exerzieren können vom Phänotyp her erstaunlich ähnlich aussehen. Beide Male sind Menschen in solchen Übungen nicht wirklich bei sich, nicht ich-nah, sondern fremdbestimmt. Sie sind Teil eines vom Über-Ich, von einer Fremdautorität dirigierten Bewegungs- und Einstellungsmusters.

Wo Religionsausübung ins Grenzfeld des Paramilitärischen abgleitet, haben die intellektuellen und kreativen Persönlichkeitsanteile keine Chance mehr. Ebenso geht auch die Welt der Gefühle und der Empathie unter. All diese Bereiche aber gehören zu dem, was im Buddhismus „Herz" meint. Dort und nur dort ist der Ursprungsort der „Sehnsucht nach Erleuchtung". Auf dem Übungsweg darf der Kontakt zu diesem Ausgangspunkt nicht verloren gehen. Wo aber der „Zwangscharakter" vorherrscht, kann eine solche Sehnsucht gar nicht aufkommen, lebt er doch von der festen Struktur und der Kontrolle und kann und will nicht los-lassen.

Wenn es in der religiösen Praxis wirklich die Gefahr des paramilitärischen Exerzierens gibt, mag dann und wann eine besondere, zusätzliche Übung angeraten sein, nämlich zu fragen: Habe ich im Namu Amida Butsu, habe ich im Gebet – welcher Art auch immer – Kontakt zu meinem Herzen, kommt es „von Herzen", bin ich herz-lich dabei oder nur exerzierend mechanisch?

106 Zusatzlasten

> Ich hatte einige Mitübende zurechtzuweisen: „Ihr gleicht Leuten, die dem Gepäck der Hijiri noch Lasten hinzufügen, um ihren Halt zu stärken."
>
> KYŌBUTSU

Was geht hier vor? Welche Situation liegt diesem Textabschnitt zugrunde? Eine szenische Konkretisierung lässt sich nicht finden, sie kann allenfalls fantasiert werden. Auch bleibt die Frage offen, wem diese Mitübenden das Leben noch schwerer machen, als es ohnehin ist? Sich selbst oder auch oder nur den anderen? Wer selbst strengste Forderungen an sich selbst stellt, kann damit andere in der Gruppe unter erheblichen Druck setzen.

Vielleicht führt der letzte Halbsatz weiter. Dort wird die Begründung für das Auferlegen einer Zusatzlast genannt: Der Halt soll gestärkt werden. Heißt das: Wer noch zwanzig Kilo mehr trägt, wird nicht abheben und übermütig werden? Jedenfalls wird durch Zusatzlasten die Bodenhaftung, die Verhaftung in der Situation zunehmen. Leicht ironische, wiewohl erfahrungsgesättigte Sätze schwirren durch die Luft, etwa die Behauptung: „Lasten sind umso leichter, je näher sie am Körper sind." Im größeren Zusammenhang bleiben derartige Begründungen aber problematisch und ideologieverdächtig. Denn oft ist in dieser Textsammlung von Leichtigkeit, nicht von einer Zusatzschwere die Rede (z. B. # 74, # 77). Und insgesamt geht es zumeist weniger um „Halt" als um Bewegung und Freiheit.

In der Spannung zwischen (zusätzlichem) Zwang und (zunehmender) Freiheit wird wohl ein Grundproblem aller religiösen Praxis greifbar. Ich bringe kurze Zitate aus der christlich neutestamentlichen Überlieferung: Jesus kritisiert in Lukas 11, 46 die „Gesetzeskundigen", dass sie „die Menschen mit schwer zu tragenden Lasten belasten". Und er konkretisiert und steigert die Kritik mehr noch als Kyōbutsu, indem er hinzufügt, dass sie selbst „die Lasten mit keinem Finger anrühren". Dem gegenüber ist und bleibt sein „Heilandsruf": „Kommt her zu mir alle, die ihr mühselig und beladen seid … mein Joch ist sanft und meine Last ist leicht" (Matthäus 11,28–30). Der Apostel Paulus fügt dem noch einen alltagspraktischen kommunitären Handlungsimpuls hinzu: „Traget einer des anderen Lasten …" (Galater 6,2).

In puncto Lasten gibt es so etwas wie eine shin-buddhistisch jesuanische Koalition. Bleibt die Frage, wie die eigene Praxis der Entlastung, des Lastenausgleichs und der Selbst- und Fremdbelastung aussieht.

107 Mehr als drei Tage vor dem Tod

Kyōbutsu-bō äußerte während seiner letzten Krankheit, drei Tage vor seinem Tod: „Der ehrwürdige Myōhen sagte mir: ‚Halte dich einfach an dem Gedanken ›Buddha, rette mich!‹ fest. Alles andere ist nutzlos.' Ich habe das nie ernst genommen, aber jetzt erreicht mich die Wahrheit davon. Selbst körperliche Verderbtheit und körperlichen Verfall zu kontemplieren, ist nur unter normalen Umständen sinnvoll, nicht dann, wenn man dem Tod gegenüber steht."

Anoku-bō von Tōjōji sagte: „Zu lernen, wie die schriftlichen Passagen im zeremoniellen Gesang umgesetzt werden, heißt, sie in Affenmusik zu verwandeln." Ich verstehe jetzt, was er meinte.

Ein Grundthema der Textsammlung wird abermals aufgenommen: die Kunst des Sterbens, der Schritt über die Grenze hinweg. Was gilt dort? Was wird wirklich gebraucht? Auf dem Weg dorthin gibt es religiöse und ästhetische Einkleidungen, Meditationstechniken, rituelle Gesänge. All das erübrigt sich, wenn man „da“ ist. Denn wo der Verfall „da“ ist, muss er nicht mehr symbolisiert und in der Kontemplation nicht mehr vor Augen geführt werden. Und so heilig liturgische Gesänge sein mögen: Jede ästhetische Gestaltung – so die Musik – hält Kontakt zu der Wirklichkeit, die sie ausdrücken will, geht jedoch immer auch auf Abstand zu ihr. In Todesnähe aber gelingt es kaum, dieses Zusammenspiel von Kontakt und Abstand durchzuhalten. Die Nähe des Todes ist unausweichlich. Und dann und darum kann es passieren, dass einem heilige Gesänge wie schlechte Unterhaltungsmusik vorkommen, wie ein Manöver, das ablenken soll, wo sich eine bestimmte Richtungsdynamik bereits unaufhaltsam durchgesetzt hat und wo Ablenkung darum gar nicht mehr möglich ist.

Kyōbutsu-bō wird von dem Existenzwert dieser Wahrheiten, die er zwar gehört, aber nicht wirklich nachvollziehen konnte, drei Tage vor seinem Tod ereilt. Und schnell teilt er sie denen mit, die erwartungsgemäß noch ein paar mehr Tage zu leben haben als er. Die große Frage ist, ob er die, die er adressiert, wirklich erreicht, oder ob es ihnen nicht genauso ergehen wird wie ihm, Kyōbutsu-bō. Drei Tage vor dem Tod verstehen sie, was er drei Tage vor dem Tod verstanden hat. Diese große Frage ist verbunden mit der auch nicht gerade kleinen Frage, wie denn seine beiden Gewährsmänner, Myōhen und Anoku-bō von Tōjōji ihre Einsichten alltäglich gelebt haben – mehr als drei Tage vor ihrem Tod.

108 Hijiri-Graffiti

Während Shinkai seine Praxis in Shikoku ausübte, schrieb er an die Wand eines Bauernhauses: Sage das *nembutsu*, ohne eine „Person des *nembutsu*" zu werden, und du wirst die Geburt erlangen.

Wildes Plakatieren? Eine Wandzeitung? Graffiti im öffentlichen Raum? Wer wird es kostenpflichtig wieder wegwischen? Oder steht Shinkais Leitsatz auf einer Innenwand? Wie der junge Moreno in Wiener Parks Stimmen hörte und sie den Tapetenwänden seiner Wohnung zu Protokoll gab. Oder wie der Finger einer Menschenhand auf die getünchte Wand des königlichen Palastes des Belsazzar sein unübersehbares und schauriges „Mene, Thekel, Upharsin" (Daniel 5,25) schrieb? Der Fantasie öffnen sich weite Spielräume. Aber wie auch immer die genaueren Umstände gewesen sein mögen: Da steht es – an der Wand und in der Textsammlung: Sage das *nembutsu*, ohne eine „Person des *nembutsu*" zu werden, und du wirst die Geburt erlangen!

Der Ort ist in jedem Fall markant: nicht am Time Square, nicht am Bürgermeisteramt oder an der Dorflinde, sondern an der Wand eines Bauernhauses. Und das heißt: in der Alltagswelt, bei den einfachen Leuten, die vielleicht nicht einmal lesen können. Dann wäre das Ganze eine Ermunterung, nicht zu meinen, man müsse sich religiös stilisieren oder hochdienen. Die schlichte Praxis zählt, ohne Selbstdarstellung und Selbstbewertungen. Und das heißt: „ohne eine ‚Person des *nembutsu*' zu werden".

109 Auslaufende Zeit

Einer fragte, was besser sei: um die Geburt zu bangen, indem man über das eigene Fehlen der aufrichtigen Sehnsucht nachdenkt, oder sich davon überzeugt zu fühlen, dass die Geburt gewiss ist – ohne die Prüfung der eigenen Lebensart.

Ich antwortete: „Vor langer Zeit traf ich den Laienpriester Ogura. Er erklärte, dass die Geburt vom allerersten Moment an, in dem der Glaube erwacht ist, entschieden ist; nur die physische Existenz muss noch zum Ende kommen, weil ja die Zeit noch nicht ausgelaufen ist. Sein eigenes Erreichen der Geburt war großartig. Ich habe gehört, das der Laienpriester Kumagai so ziemlich dasselbe sagte."

GYŌSEN

Dass Selbstbeobachtung und Selbstprüfung keine hilfreichen Wege sind, wird immer wieder geäußert. Trotzdem ließe sich kritisch fragen, was denn an Lebensperspektiven übrig bleibt, wenn, nachdem alles entschieden ist, nur noch die Lebenszeit wie in einer Megasanduhr ab- und auslaufen muss. Freilich ist auch immer wieder von den Freiräumen die Rede, die sich auf der Basis einer solchen fraglosen Gewissheit auftun können.

110

Zenshō-bō sagte auch: „Die Geburt in das Reine Land ist so gewiss wie die Tatsache, dass der Tod das unvermeidliche Ende von allem Lebenden ist." Er erlangte eine Geburt, die in jeder Hinsicht wunderbar war.

Diese zwei oder drei Männer – Ogura, Kumagai, Zenshō-bō – erhielten Meister Hōnens Weisung und folgten seiner Lehre. Es ist demnach zwingend erforderlich, dass wir an der Erkenntnis festhalten, dass unsere Geburt fest und gewiss ist.

(Das war Gyōsens Antwort auf eine Frage von Jishin.)

vgl. # 109 und die weiteren Verweise dort

111 Todschlagargument

Hongaku-bō von Chinzei fragte Myōhen: „Es wird gesagt, dass das Äußern des Namens nichts Gutes bringt, wenn man abgelenkt ist. Vielmehr muss man erst seinen Sinne und den Verstand beruhigen und dann den Namen rezitieren. Wie soll ich damit umgehen?"

Myōhen antwortet: „Diese Aussage gilt für die höchsten Könner. Niedrigere Praktiker wie ich können ihr Herz und ihren Verstand von Verstreutheiten keinesfalls frei machen. Darum nehmen wir einfach und entschlossen die Perlenkette, bewegen die Perlen und sagen den Namen, ohne darum besorgt zu sein, ob wir fahrig sind oder nicht. Auf den Moment zu warten, in dem der Geist wirklich konzentriert ist, würde heißen, niemals das *nembutsu* sagen zu können."

Das Dauerthema, nämlich das Plädoyer für den Vollzug und die Praxis gegen Einsprüche verschiedenster Art, bekommt im letzten Satz noch eine neue Pointe. Sie wirkt fast so wie ein „Todschlagargument", weil sich mit ihr jede weitere Diskussion im Keime ersticken lässt: Wer mit dem Übungsweg erst dann anfangen will, wenn es überhaupt keine Störungen von eigener oder fremder Seite mehr gibt, also erst dann, wenn sie alle restlos bearbeitet und beseitigt worden sind, fängt nie an. Darum: Wenn man überhaupt anfangen will, dann jetzt! Schluss mit allen Einsprüche und Rückfragen!

Leicht irritierend bleibt, dass es Myōhen augenscheinlich nicht für ausgeschlossen hält, dass es „höchste Könner" gibt, die tatsächlich störungsfrei den Namen äußern können. Aber sich selbst zählt er dieser Gruppe nicht zu und seinen Gesprächspartner erst recht nicht.

112

> Hōnen sagte oft: „Oh, könnte ich doch jetzt auf großartige Weise die Geburt erlangen!" Jōgan-bō überhörte das einfach und sagte: „Wenn selbst *du* mit solcher Unsicherheit sprichst, wie sehr müssten dann andere um die Geburt bangen." Dann schmunzelte Hōnen und sagte: „Wie könnten wir aufhören mit solchen Gedanken, bis wir den Lotussitz einnehmen?"

Die Störungen, die Selbstzweifel und die Unsicherheiten in Bezug auf die Befreiung bleiben, aber sie können die Praxis nicht behindern, sondern gehören geradezu zu ihr. Vgl. die letzten unmittelbar vorangehenden Textabschnitte.

113 Falsche Frage

> Awanosukes *nembutsu* und mein eigenes sind genau dasselbe. Wir denken an nichts außer „Rette mich, Amida Buddha!"
>
> HŌNEN

Die Situation, in der dieser Satz seine Pointe gehabt hat, mag so gewesen sein: Hōnen hatte seinen bedeutenden Schüler Shōkō nach dem Unterschied zwischen seinem, Hōnens *nembutsu* und dem von Awanosuke gefragt. Wobei letzterer – um es milde auszudrücken – als einer der am wenigsten talentierten Schüler in der Gruppe um Hōnen galt. Shōkō soll geantwortet haben, natürlich sei des Meisters *nembutsu* hochrangiger. Shōkō hat versucht, auf eine falsche Frage eine richtige Antwort zu geben. Das kann nicht gut gehen. Hōnen bremst ihn mit dem im Text zitierten Satz aus. (Hirota 55)

Mögen die Unterschiede im Bereich von intellektuellem Verstehen, von Kenntnissen und Gefühlen aller Art noch so groß und auch von Bedeutung sein: Im unmittelbaren Vollzug, im „Primärprozess" fallen alle Unterschiede dahin. Reiner Vollzug ist reiner Vollzug. In ihm sind alle Praktizierenden gleich. Darum sind Vergleiche nicht nur nicht angemessen, sondern schädlich. Denn wo verglichen wird, bauen sich Rangordnungen auf. Und derartige Ordnungen sind immer mit Aufwertungen und Abwertungen verbunden. Wo gewertet wird, hat man den Vollzug, das, worum es geht, bereits auf Distanz gebracht, egal ob man sich oder andere aufwertet oder abwertet.

Hōnen bläst derartige spirituelle Olympiaden ab: von wegen schneller, weiter, höher und tiefer.

114

Shan-taos Lehre, dass wir die Geburt dadurch erreichen, dass wir den Namen – „zehnmal oder sogar nur einmal" – sagen, gibt uns das Wesentliche, um auf das *nembutsu* zu *vertrauen*; seine Aussage, dass wir es „nicht auch nur für einen Moment unterbrechen" sollen, gibt uns das Wesentliche für die *Praxis*.

HŌNEN

vgl. zum Verhältnis von Vertrauen und Praxis # 26

115

Einer sagte zu Myōhen: „Für die kurze Zeitspanne, in der ich mich auf das Studieren einlasse, möchte ich mein Rezitieren des Namens einschränken." Myōhen antwortete: „Das Ziel des Studierens liegt nirgendwo anders als in der Praxis des *nembutsu*. Wenn du beabsichtigst, dein Rezitieren einzuschränken, kann ich dich nicht unterrichten."

vgl. zum Verhältnis von religiöser Praxis und Studieren u. a. # 101

116 Herzbewegung / Lippenarbeit

In meinem Herzen ist der Gedanke „Amida Buddha, rette mich!" und auf meinen Lippe ist seine Äußerung.

SHŌKŌ

In der Textsammlung gibt es eine bleibende Spannung zwischen einer Innen- und einer Außenperspektive. In # 105 z. B. sollte das Herz auf dem Weg zur Erleuchtung einen höheren Platz als die religiöse Praxis bekommen. In # 100 und an vielen anderen Stellen hingegen sollen die oft unberechenbaren Bewegungen des Herzens die Praxis nicht stören.

Welcher Art ist die Aussage von Shōkō? Beschreibt er seine gegenwärtige Situation? Teilt er mit, dass es ihm gelingt, das Innen und das Außen, Herzbewegung und Lippenarbeit, wirklich zusammenzubringen und zusammenzuhalten? Oder ist dies ein Leitsatz für sich selbst und für andere, ein Programm auf dem Weg lebenslangen Übens? Letzteres scheint mir wahrscheinlicher.

117

Meister Hōnen sagte in seinem Alter: „Wenn du das *nembutsu* sagst, um Geburt zu erlangen, füllt die große Bedeutung dieses Aktes dein Herz, und – auf diese Weise ermutigt – willst du es immer aussprechen. Du solltest wissen, dass du damit bereits von den drei Grundhaltungen ergriffen bist."

SHŌKŌ

Eine weitere meisterliche Lehraussage dazu, dass das *nembutsu* hinreichend und allumfassend ist.

vgl. zu den drei Grundhaltungen # 28

118 Erfüllt und erledigt

Hōren sagte: „Bitte sage mir offen und ehrlich, ob Weisheit für das Erreichen der Geburt wesentlich ist. Wenn das zuträfe, würde ich mich nämlich religiösen Studien widmen. Wenn aber das einfache Sagen des Namens reicht, würde ich gerne den Grund dafür wissen." Hōnen antwortete: „Die Kommentare bestätigen eindeutig, dass das Sagen des Namens die Handlung ist, die zur Geburt führt. Sie legen auch deutlich dar, dass keine Unterscheidung zwischen dem Weisen und dem Unwissenden getroffen wird. Also ist die Äußerung des Namens hinreichend, um die Geburt zu erlangen. Besser als dich dem Studium zu widmen, sage ernsthaft das *nembutsu*. Wenn du Amida, Avalokiteśvara und Mahāsthāmaprāta begegnest, welche Sutrenabschnitte wären dann nicht erfüllt? Menschen, die die Lehre von der Geburt durch das *nembutsu* allererst noch verstehen müssen, sollen sie studieren. Aber wenn sie sie zur Kenntnis genommen haben, sollten sie dadurch, dass sie nach unwichtigen Weisheitshappen herjagen, keine Zeit für das Sagen des Namens verlieren."

Das kurze Lehrgespräch zwischen dem Meister Hōnen und seinem Schüler Hōren, der dessen Bewegung aufrechterhielt und fortsetzte, wiederholt bekannte Positionen im Spannungsfeld von Studium und unmittelbarem Vollzug religiöser Praxis. Hōren fragt nach Argumenten für die Behauptung, dass das einfache *nembutsu* reicht. Hōnen verweist auf die Autorität der Kommentare und deren Argumente. Wie so oft werden auch hier Grenzen eines sinnvollen Studierens genannt. Wo die Wirklichkeit, von der die Schriften reden, selbst da ist, erübrigen sich die Zeichenwelten, die auf sie hinweisen. Sie sind an das Ziel gekommen, das nicht sie selbst sind. Leicht paradox formuliert: Sie sind zugleich erfüllt und erledigt. Bekannter im Sprachspiel Hegels ausgedrückt: Sie sind im dreifachen Sinne „aufgehoben", so wie man eine bislang gültige Verordnung „aufhebt", einen Schatz „aufhebt" und einen Vorgang oder eine

Person in ihrer Bedeutsamkeit „aufhebt" im Sinne von „erhebt". In dem Sinn haben alle Sutrentexte ihr Ende, ihre Bewahrung und ihre Erfüllung gefunden.

Ziel ist es, Amida, Avalokiteśvara und Mahāsthāmaprāta zu begegnen. Avalokiteśvara ist der Bodhisattva vollkommenen Mitleids, der – wie der Name sagt – die Schreie des Kosmos hört. Mahāsthāmaprāta ist der Bodhisattva, der große Macht erlangt hat. Beide sind die ständigen Begleiter Amidas zur Rechten und zur Linken, auch dann, wenn sie in der Todesstunde dem Sterbenden entgegengehen.

119

Selbst solche, denen die drei Grundhaltungen fehlen, werden diese erlangen, wenn sie der alten Methode folgen, mit allem Nachdruck zu denken, dass ihre Geburt fest und gesichert ist.

NEN'A

vgl. zu den drei Grundhaltungen # 28

120

Nach hinreichenden Erwägungen läuft die grundlegende Lehre des Reinen-Land-Buddhismus auf nichts anderes hinaus als auf den Gedanken „Amida Buddha, rette mich!"

NEN'A

121

Im Verlauf des Lebens in dieser Welt wird die nicht erleuchtete Person unvermeidlich den Wunsch nach Anerkennung und Reichtum verspüren. Das Verstehen und die Praxis, die sich auf die Geburt in das Reine Land ausrichtet, müssen aber absolut echt sein.

SHŌKŌ

122 Allein der Name

Nachdem Hōnen die Geburt erlangt hatte, erschien er Jūshin-bō von Miidera in einem Traum und beantwortete seine Frage: „Obschon du fragst: Amida Buddha ist gänzlich ohne Erscheinungsweisen. Man kann nur den Namen sagen."

Die erste chinesische Schule, die sich ausschließlich dem Buddha Amitābha zuwendete, war auf die Visualisierung dieses westlichen transzendenten Buddha zentriert, um sich seines Mitleids anzuvertrauen und um nach dem Tod in sein Land aufgenommen zu werden (vgl. Schumann 234 ff.). Ausführliche Anleitungen zu Meditationen mit dieser Zielrichtung finden sich in den drei Hauptsutren des Reinen-Land-Buddhismus (vgl. Inagaki). Die späten radikalen japanischen Vertreter dieser Schule – Hōnen und Shinran – halten an dieser Praxis nicht fest. Sie ist nicht heilsnotwenig und für die Menschen, die in der Alltäglichkeit der Welt leben und überleben müssen auch gar nicht machbar. Aus der Welt-danach gibt Hōnen dem Jūshin-bō von Miidera die klare Auskunft, dass Amida Buddha „gänzlich ohne Erscheinungsweisen" sei. Das heißt: Der Verbindungskanal ist ausschließlich der Name – im Anruf ausgesprochen und schon vor dem Anruf vom Angerufenen gehört.

Hōnen elementarisiert den Reinen-Land-Buddhismus dadurch, dass er die religiöse Praxis ausschließlich im *nembutsu* verortet. Religionsphilosophisch bleibt umstritten, ob diese Elementarisierung als Verarmung und als Reduktion oder aber als ein Weg hin zur Essenz, hin zum Wesen, hin zum Kern zu verstehen ist.

In Bezug auf einen interreligiösen Dialog möchte ich anmerken, aber nicht weiter ausführen: Auch im Judentum und im Christentum gibt es hoch entwickelte Visualisierungswege und Visionserfahrungen. In der Apokalyptik und in der Kabbala (vgl. Dan) tritt göttlicher Lichtglanz in Erscheinung, und die visionäre Entrückung richtet sich auf den Thron Gottes. Aber oft konzentriert sich auch in diesen Traditionen die spirituelle Energie mit starker Betonung oder gar mit Ausschließlichkeit auf den Namen und auf seine Anrufung. Jesus ist mit der zweiten Bitte des „Vater unser" in der Mitte jüdischen Existenzvollzugs: „Geheiligt werde dein Name" (Matthäus 6,9). Wo der Name angerufen und präsent ist, ist alles präsent, was Gott zu Gott macht. Auch das ostkirchliche Herzensgebet ruft allein den Namen Jesu Christi an. Es gibt also durchaus vergleichbare Zentrierungen religiöser Praxis mit der Gewissheit, dass darin alles zum Ausdruck kommt und nichts fehlt.

123 Alte neue Sehnsucht

Du musst nicht besondere Zeiteinheiten für das *nembutsu* einrichten, sondern wenn dein Geist konzentriert ist – z. B. wenn du den Namen während des liturgischen Lobgesangs intonierst – halte sorgfältig deine sehnsüchtige Erwartung aufrecht, den Buddha vor dir zu sehen.

NEN'A

Die Textsammlung weist bleibende Unterschiede in Lehre und Praxis des Reinen-Land-Buddhismus auf. War mit Hōnen gerade jede Erwartung bildlich visionärer Erscheinungen des Buddha abgewiesen worden (# 122), so ermuntert nun Nen'a, der Begründer eines anderen Zweigs der Reinen-Land-Schule, dazu, genau in diesem Bereich eine Sehnsucht nicht abebben zu lassen. Dabei bleibt offen, ob an dieser Stelle auf die Erwartung angespielt wird, dass Buddha Amida in der Todesstunde erscheint, oder ob dies bereits mitten im Leben, während des liturgischen Singen geschehen kann. In solcher Praxis, die zu leichter Trance zu führen vermag, lässt sich womöglich die Erwartungsbereitschaft für außergewöhnliche religiöse Erfahrungen steigern. Gegenüber der radikalen und einseitigen Position Hōnens und Shinrans anempfiehlt Nen'a eine Praxis, die von der alleinigen Konzentration auf den Namen in den Plural religiöser Übungen zurücklenkt.

Das ist der Weg zurück und voran in volksreligiöse Vielfalt und Farbigkeit. Aber der Preis dafür ist nicht gering: Neue Anspannung, Programmierungen, Erwartungen und damit verbunden neue spirituelle Leistungskurven könnten Raum gewinnen. Dabei ging es doch darum, loszulassen und von all dem frei zu werden.

124 Leicht und skurril

Wenn die Zeit für das Mittagsgebet kam, unterbrach Shōkō, was immer er auch gerade tat, und begann umgehend den Gesang des *Kürzeren Sutras* und die Rezitation von Hymnen und das *nembutsu* – sogar mitten in der Predigt, selbst wenn nur noch ein paar Worte bis zum Schluss fehlten. Es wird erzählt, dass die Übenden, die versammelt waren, um ihn zu hören, gar nicht anders konnten, als in den Gesang der Hymnen einzufallen.

NEN'A

Diese Notiz kann gegen Shōkō verwendet werden. Sein Verhalten könnte als ziemlich zwanghaft oder gar als schizoid eingestuft werden: ein krasser Kommunikationsabbruch. Punkt 12 ist Punkt 12. Wie im Bahnverkehr und im mechanischen Zeittakt von Automaten so in der rituellen Praxis. Neuzeitliche Uhrstakkatos formatieren und zerschneiden im Dreiviertelstunden- und Minutentakt Kommunikationsprozesse oft reichlich gnadenlos. Im schulischen und universitären Unterricht ist das nicht anders als bei den Arbeitseinsätzen von Pflegepersonal. Nur selten ist ein solches Vorgehen vorteilhaft und angemessen.

Freilich: Auch strenge Moslems folgen rituellen Grundregeln fünfmal am Tag. Und sogar evangelische Christen haben die Tradition der Tagzeitgebete bzw. der Stundengebete für sich schon seit Längerem neu entdeckt. Voreilige und vollständige Pathologisierung scheint in all diesen Fällen nicht angebracht. Religiöse und auch nicht religiöse Rituale rhythmisieren Tage und Lebensphasen. Aber natürlich bleibt die Frage nach der Möglichkeit flexiblen Umgangs mit solchen Vorgaben.

Zurück zu dem konkreten Fall im Textabschnitt. Könnte in der Notiz auch etwas anekdotisch Leichtes versteckt sein? Taucht da im Hintergrund nicht auch ein Schmunzeln auf? Wie anders als mit der Fähigkeit zur ironischen Distanz gelingt es Shōkō, seine Predigt ganz kurz vor Schluss abzubrechen? Bewegte er sich in den angestrengten Höhen pathetisch reflexionslos engagierter Rede, wäre ein solcher Abbruch kaum möglich. Irgendwo ist sein Verhalten kurios oder leicht skurril. Und indem die anderen beim abrupten Programmwechsel mitmachen, gefällt ihnen offenbar Shōkōs kleine Extravaganz. Durch sein Verhalten bläst ein Wind von Souveränität und Freiheit hindurch.

Das „Kürzere Sutra“ meint eines der drei Hauptsutren des Reinen-Land-Buddhismus (Inagaki).

125

Einer fragte: „Das *Kontemplationssutra* lehrt, wie man Amida Buddhas Körper und sein Land sehen kann. Sollte ich solche Meditationen machen, selbst wenn ich die Äußerung des Namens praktiziere?" Hōnen antwortete: „Anfangs übte auch ich solche nutzlosen Praktiken, aber dann nicht mehr. Ich vertraue mich allein der Äußerung des Namens an."

JŌGAN

Das Kontemplationssutra ist eines er drei Hauptsutren des Reinen-Land-Buddhismus (Inagaki).

vgl. ansonsten # 122, # 123

126 Über das Ziel hinaus?

Eine Person, die über einen zehn Fuß breiten Graben springt, wird versuchen, fünfzehn Fuß zu überspringen. Diejenigen, die sich nach der Geburt sehnen, sollten einen festen Glauben erlangen und doch mit ihrem eigenen Bemühen fortfahren.

HŌNEN

Im Vergleich zu den Schwerpunktsetzungen, die zumeist in dieser Textsammlung anzutreffen sind, ist diese Aussage Hōnens unpointiert, scheint sich in einer Vermittlungsposition zu bewegen und wirkt fast zu ausgewogen. Hōnen macht darauf aufmerksam, dass *festes* Vertrauen nicht mit beliebig *losem* Lebenswandel zusammengeht. So nachvollziehbar dieser Hinweis ist, so ist er doch gerade über die Vorstellungswelt vom Sprungtraining leicht misszuverstehen: Als ob man nun doch etwas zu seiner Rettung beitragen könnte. Eigentlich waren doch lange schon alle spirituellen Olympiaden („schneller / weiter / höher") abgesagt (vgl. # 113).

Die Parallelsetzung von Gnadensprung und Glaubenssprung kann vielleicht insgesamt nicht ganz glücken. Wo lande ich denn, wenn ich übungshalber über das spirituelle Ziel hinausspringe? Das könnte ja nur dann sinnvoll sein, wenn es in den Zielvorstellungen der Religion ein Ende gibt, auf das hin ich mich ausrichten soll, das aber übungsweise noch einmal übertroffen werden könnte: von 10 zu 15. Aber das ist bei Hōnen nicht im Blick. Das Ziel zielt auf 10. Die Übung übt mit 15.

127

> Wenn du in der Haltung der eigenen Kraft verweilst, wird sogar das einmalige Sagen des Namens der Ausdruck des Anhaftens am Selbst sein. Wenn du dich der Anderen Kraft überlässt, dann werden Äußerung für Äußerung, *nembutsu* nach *nembutsu*, Erscheinungsformen der Anderen Kraft sein.
>
> HŌNEN

128 Trans

> Wenn für dich fraglos klar ist, dass das Erreichen der Geburt fest und gesichert ist, dann ist sie sicher. Wenn es für dich klar ist, dass sie es nicht ist, dann ist sie es auch nicht.
>
> HŌNEN

Hier ist im positiven Fall von einer Gewissheit die Rede, die von keinen Schwankungen des Herzens, des Nach-denkens und Nach-spürens abhängig ist. Das wird eine Klarheit sein, die aus dem Jenseits aller Ambivalenzen und aller Zwischenbereiche von Licht und Dunkel kommt und diese durchbricht.

Auch christliche Theologen wagen sich kategorial bisweilen in Bereiche nicht nur des Trans-empirischen und des Trans-emotionalen, sondern auch des Trans-personalen, des Trans-religiösen, ja noch des Trans-humanen vor (vgl. Josuttis 1996, 97 / Josuttis 1991, 14). Transzendieren heißt: übersteigen, überschreiten, auch übertreten. Die Silbe „trans" steht für eine Bewegung hindurch und darüber hinaus. Aber dieses „trans" wirkt zurück und hinein in die Immanenz. Es bewirkt Klarheit und absolute Gewissheit in der Welt der Ungewissheiten.

Gewiss ist gewiss, weil es sich auf allen Ebenen auswirkt. Sonst wäre es eben nicht „gewiss". Aber bleibt ungewiss ungewiss? Der ersten Aussage des Doppelsatzes vermag ich in shinbuddhistischer spiritueller Logik zu folgen, der zweiten weniger. Kann es denn in den Netzen der ambivalenten Lebenswelten mit ihren unvermeidlichen Skrupeln, instabilen Selbstbeobachtungen und Stimmungsschwankungen wirklich eine total gewisse Ungewissheit geben? Kommen da nicht auch und immer wieder dialektische und paradoxe Bewegungen zwischen Gewissheit und Ungewissheit in Gang?

129 Extreme Ausnahme

Wie beklagenswert ist es, dass die, die an Kausalzusammenhänge glauben, in ihrem Glauben an die Andere Kraft schwach sind, während die, die an das Urgelübde glauben, das Gesetz der Kausalzusammenhänge nicht anerkennen. Wenn du dich vollständig auf Amidas Gelübde verlässt und weiterhin an die Kausalzusammenhänge glaubst, bist du in Übereinstimmung mit der Absicht Buddhas und wirst Geburt erlangen.

NEN'A

Hier werden in den komplexen Konstruktionsbereichen lehrhaften Denkens Positionen ausbalanciert. Und man muss aufpassen, dass einem dabei keine Eisenstangen auf den Kopf fallen. Nen'a will das Verständnis karmischer Zusammenhänge nicht ausgespielt wissen gegen das Vertrauen auf die radikale Durchbrechung dieser Zusammenhänge durch die grenzenlose Barmherzigkeit Amidas. Gäbe es im irdischen Leben kein dicht geknüpftes Netz von Voraussetzungen und Folgen, wäre die Befreiung davon durch Buddha Amida ja gar nicht nötig. Ein Gesetz, das ausnahmslos Gültigkeit hat, kann nur durch eine extreme Ausnahme außer Kraft gesetzt werden. Gerade so wird es aber auch als gültig bestätigt. In dem Sinn muss man beides in seiner Wirkmächtigkeit im Auge behalten. An beidem muss im tiefsten Vertrauen festgehalten werden: am karmischen Wirkungszusammenhang und an der erlösenden Wirkkraft des Urgelübdes des Buddha Amida.

130

Mit einem Herzen, das frei von Betrug ist, verlasse ich mich auf Amidas Urgelübde, darin sicher, dass ich Geburt erlangen werde. Das wird „die drei wesentlichen Haltungen" genannt.

NEN'A

vgl. zu den drei wesentlichen Haltungen # 28 und # 117

131

Sei sorgsam, wenn du dich zu einem Hijiri machst. Unter den Hindernissen gegenüber der Geburt wirkt die Begierde stärker als alles andere. Unter den verschiedenen Formen des Übels ist das Übelste der Hunger nach Sachen.

GYŌSEN

132 Ethik – postmortal

Wenn du wahrhaftig die Geburt erstrebst, sage einfach das *nembutsu*, mache dir keine Sorgen um andere, und verwickle dich auch nicht in allerlei Angelegenheiten. Du kannst erhoffen, anderen fühlenden Wesen beizustehen, wenn du vom Reinen Land in diese elende Welt zurückkehrst.

ANONYM

Hier kommt die klassische buddhistische Zurückhaltung gegenüber ethischen Aktivitäten im Verlauf der gegenwärtigen Lebenszeit zum Ausdruck (vgl. bereits # 8 und # 25). Etwas konzilianter äußert sich Jogan in # 135: Da, wo sich „Gelegenheiten" ergeben, Gutes zu tun und sie die Praxis des *nembutsu* nicht stören, solle man sie ohne Abscheu und ohne Widerwillen ergreifen. Konzepte eines „engagierten Buddhismus", wie sie etwa der vietnamesische Mönche Thich Nhat Hanh entwickelt hat (vgl. Kotler), sind hier geradezu unvorstellbar. Thich Nhat Hanh steht da nicht allein. Auch im Bereich des japanischen Shin-Buddhismus, der die größte Schulrichtung des Buddhismus in Japan ausmacht, besonders in der Gruppierung Shinshū Ōtani-ha, gibt es einen neuen Blick auf die Notwendigkeit, dass religiöse Überzeugung und religiöses Leben einen ethischen und gesellschaftlich relevanten Ausdruck finden. In einer groß angelegten Marburger Doktorarbeit verweist Ugo Dessi besonders auf die Sozialarbeit gegen die Diskriminierung bestimmter niedriger Klassen und gegen die Isolierung von Lepra-Kranken. Des Weiteren nimmt er auch das breitere Feld von pädagogischer und sozialer Fürsorge, von Flüchtlingsarbeit und Hospizarbeit in den Blick.

Religion hat und ist eben nie nur meditative, sondern auch soziale Praxis. Dabei zielen die konkreten Werke der Liebe und der Barmherzigkeit nicht auf Erlösung, sie sind vielmehr ein sehr begrenzter Beitrag dazu, die gegenwärtige Welt nicht noch weiter ins Chaos stürzen zu lassen. In Abschnitt IV von „Tannisho", einer Schrift von dem Shinran Schüler Yuien, in der versucht wird, gegen dogmatisierende und moralisierende Abweichungen an der ursprünglichen Lehre des Reinen-Land-Buddhismus in Shinrans Prägung festzuhalten, heißt es: „Bei der Barmherzigkeit ist zu unterscheiden zwischen der des Heiligen Wegs und der des Reinen Landes. Die Barmherzigkeit des Heiligen Wegs besteht darin, sich alles Lebenden zu erbarmen, Mitleid mit ihm zu haben und es gedeihen zu lassen. Allein, allem so zu helfen, wie man wollte, ist kaum möglich. Die Barmherzigkeit des Reinen Landes dagegen bedeutet: indem man durch das *Nembutsu*-Sagen schnell die Buddhaschaft erlangt, kommt man aus dem Mit-leid- und Mit-trauergefühl der Großen Barmherzigkeit eben dieser Buddhaschaft dem anderen Lebenden so zu Hilfe, wie Buddha es will"(Okochi / Otte 28).

vgl. # 24

133 Geschmackskulturen

Lerne den Geschmack des *nembutsu* gut!

KYŌJITSU

Wonach wohl das *nembutsu* schmeckt? Nach nichts? Und wenn das eine Spur wäre, ließe sich weiterfragen: „nichts" groß oder klein geschrieben? Sollte es Kyōjitsu wirklich um die Entwicklung einer Geschmackskultur gehen? Sonst wird Sinnlichkeit doch eher zurückgedrängt. Auf ein Extrem stößt man im Textabschnitt # 52. Dort wird berichtet, Gedatsu habe sich selbst jeden Geschmack verboten und verdorben, indem er Schmackhaftes verwässerte.

Ob an dieser Stelle der klassische Theologen und Philosoph Schleiermacher (1768–1834) weiterhelfen kann? Von ihm stammt die berühmte Definition, „Religion" sei „Sinn und Geschmack fürs Unendliche" (Schleiermacher 53). „Geschmack" meint hier natürlich nicht das Schmecken im Reich der fünf Sinne. Der Begriff bezieht sich überhaupt nicht auf konkrete Wahrnehmungen, sondern meint einen gefühlten vorreflexiven Gesamteindruck. Wo von „Geschmack" die Rede ist, kann Schleiermacher auch „Anschauung und Gefühl" (50), „Instinkt für das Universum" (114) oder „Ahndung" (105) sagen. „Geschmack" ist keine Praxis, sondern ein Zustand des Gemüts, eine bestimmte Gemütslage und rein passiv.

Schleiermacher und Kyōjitsu geht es um eine Dimension des Existenzvollzugs, der man sich angemessen weder akademisch-wissenschaftlich noch künstlerisch-praktisch nähern kann. Aber das *nembutsu* ist nichts desto weniger eine religiöse Sprech- oder Gesangpraxis und in sofern doch konkreter und leibhaftiger als Schleiermachers „Geschmack fürs Unendliche". Kyōjitsu scheint davon auszugehen, dass es auch in diesem Bereich eine Geschmacksbildung geben kann. Und in der Tat: Im Japanischen deckt das Wort, das hier für „Geschmack" steht, das Sinnliche und das Übersinnliche ab.

Und was ließe sich schmecken lernen in der Praxis des *nembutsu*? Dass es mitten in der Welt der Sinnesreize, der Denk- und Handlungsimpulse eine „Gemütslage“ gibt, die transzendent leer ist und bleibt, in der keine innerweltlich ambivalenten Gefühle aufwallen, keine Gedankenwelten sich auftürmen und keine Handlungsimpulse bedrängen, die aber zugänglich ist über die religiöse Praxis des *nembutsu*. Kyōjitsu ermuntert dazu, sich auf diese spezifische Erfahrung einzulassen, eine Erfahrung mit *dieser* Erfahrung zu machen. Sie bewegt sich weitgehend jenseits alltäglicher Erfahrungen, aber doch mitten in ihnen.

134 Das Heil kommt ins Rollen

Es ist wie eine großartige technische Vorrichtung …

ABT KENSHIN

Was ist wie? Wovon ist die Rede – im bildnerischen Vergleich und in der Wirklichkeit? Hirota übersetzt das japanische Fachwort „rokuro“, das ich abstrakter mit „technische Vorrichtung“ bezeichnet habe, mit „Seilrolle“ oder „Flaschenzug“. „Drechselmaschine“ und „Töpferscheibe“ wären wohl auch zulässige Übersetzungen. Des Weiteren ergänzt Hirota das vorliegende Satzfragment dadurch, dass er hinzufügt, Amida habe dieses Hilfsmittel eingerichtet (Hirota 63).

So viel ist klar: Kenshin, der sich schließlich ganz der Schulrichtung Hōnens anschloss, spricht von einer entscheidenden und wirksamen Hilfe. In Kenntnis dieses biografischen Datums und im Zusammenhang der vorliegenden Textsammlung ist es durchaus wahrscheinlich, dass er von dem großartigen und fraglos wirksamen Urgelübde Buddha Amidas spricht. Dieses Gelübde ermöglicht das, was ohne fremde Hilfe nie zu verwirklichen wäre. Genau dazu sind auch technische Vorrichtungen gut. Hier ist der Vergleichspunkt. Man muss solche Hilfsmittel nur finden oder erfinden. Wo menschliche Kräfte überbeansprucht wären oder von vornherein versagten, hilft eben eine Mechanik, durch die der Weg, der zum Ziel führt, länger, dadurch aber auch leichter wird – so beim Einsatz von Hebeln oder eben bei der Nutzung von Flaschenzügen. Das ist eine Vorrichtung aus Seilen, mit denen sich Lasten mit einem Einsatz von Zugkräften abheben und bewegen lassen, die nur einen Bruchteil der Last selbst betragen.

Im Bild aus einer anderen Welt als der des Amida-Buddhismus mag in # 134 etwas drastisch zur Anschauung gebracht werden, was im Medium buddhistischen Glaubens und Vertrauens immer schon galt: Buddha Amida erleichtert die Last, die auf dem Weg der Erlösung bewegt sein muss, entscheidend. Was ohne sein Gelübde unmöglich wäre, gelingt mit ihm, verbunden mit dem Vollzug des *nembutsu*.

Das Heil kommt ins Rollen …

135

> Diejenigen, die Shan-tao verehren, sollten sich um keine andere Praxis als die des Namens bemühen. Trotzdem sollten sie Gelegenheiten, Gutes zu tun, die sich spontan aus sich selbst heraus ergeben und nicht zu Hindernissen für das *nembutsu* werden, wie selbstverständlich wahrnehmen. Sie sollten solche Handlungen nicht widerlich finden und denken, sie seien abzuweisen. Aber sie sollten sie in der Zeit, die dem *nembutsu* gewidmet ist, nicht aufnehmen, weil sie denken, es sei wichtig, sie auszuführen.
>
> JŌGAN

vgl. # 132

Shan-tao ist einer der chinesischen Patriarchen des Reinen-Land-Buddhismus.

136 Schlendrian

Obwohl nach buddhistischer Lehre Tugenden am besten verdeckt bleiben, ist es auch falsch, demonstrativ die Narrheit zur Schau zu stellen. Das wird zur Nachlässigkeit führen. Es ist so, wie wenn man ins eigene Wohnviertel anstatt zur Übungshalle geht und, weil da ein Platz zum Schlafen ist, ziemlich bald mitten im Äußern des *nembutsu* einnickt. Die unterstützenden Übungen sind also darum wichtig, weil sie die Nicht-erwachten, die nicht vorwärts kommen, ermutigen.

JŌGAN

Der in Kleidung und Haltung und im ernst-frommen Blick selbst inszenierte Gang in den Tempel oder in die Kirche, die sozial karitative Hilfe, die möglichst viele mit einem gewissen Maß von Bewunderung für mich wahrnehmen sollen – all das steht unter dem Verdacht der Selbstbestätigung und der Selbstdarstellung. Beides schadet dem Glaubensvollzug, weil es von der Konzentration auf die Mitte oder auch auf den anderen ablenkt und abdriften lässt in die Bezirke von Selbst- und Fremdbeobachtung.

Wie komme ich aus einer solchen falschen Dynamik heraus? Die Scheinlösung, die Jōgan in den Sinn kommt und die er ablehnt, ist, das Engagement überhaupt aufzugeben, lässig und nachlässig zu werden, Fünfe gerade gehen zu lassen. Der Witz daran ist, dass ich auch so der Wahrnehmung durch andere nicht entkomme, nur dass sie jetzt Zeugen meines Schlendrians, meiner Haltlosigkeit und nicht meiner religiösen Tugenden werden.

Das Ganze läuft auf ein zurückhaltendes, aber deutliches Plädoyer für ein gewisses Maß an spiritueller Disziplin hinaus. Und dabei lässt sich Sozialität nicht gänzlich ausklammern. Diesbezüglich bringt Jōgan zwei Aspekte ins Spiel. Zum einen: Ob ich es darauf anlege oder nicht, die eigene Gruppe und die anderen nehmen mich in meiner Strukturiertheit oder eben in meiner Haltlosigkeit wahr. Zum anderen: Ein totaler Rückzug aus der Sozialität ins rein Private vermindert oft die Energie, einen Übungsweg überhaupt aufrechtzuerhalten oder ihn konsequent weiterzugehen. Das gilt schon beim Körpertraining und beim Japanischlernen – wie viel mehr in einer radikalen, an die Grenzen gehenden religiösen Praxis.

137

Diejenigen, die sich nach der Welt-danach sehnen, hören damit auf, Dinge zu tun, die sie wollen. Denn alles, was sie in ihrem Herzen zu tun begehren, ist falsch.

ANONYM

138

Einmal, als Kyōbutsu-bō in Ōshū praktizierte, bekam er im Haus eines Laien ein Quartier. Er entdeckte, dass man die Wände und Zäune rings herum in einen baufälligen Zustand hatte geraten lassen und fragte nach. Der Besitzer erklärte: „Ich plane in den Bezirk des Ruhmvollen Landkreises umzuziehen."

Tränen traten in Kyōbutsus Augen, und er wandte sich zu den Mitübenden und sagte: „Wenn die Sehnsucht das Herz füllt, wirft eine Person ganz natürlich Anhaftungen / Bindungen an diese elende Welt weg. Diese Antwort sagt viel."

Der „Ruhmvolle Landkreis" ist natürlich das Reine Land Buddha Amidas.

vgl. zum Bauen und Wohnen, zum Umbauen und Einrichten # 18 / # 76 / # 96 sowie zu Zäunen und zur Zaunlosigkeit # 98

139 Bilanz

> Anhänger von Kyōbutsu sprachen darüber, was sie sich auf dem Weg des Reinen Landes erwünschten. Einer von ihnen, Tsuchio Shirōtarō, sagte: „Einfache Worte über das Erreichen der Weltdanach, unbelastet von Lehrsätzen." Kyōbutsu war davon betroffen und rief aus: „Ein großartiger Gedanke! Nichts ist mehr dazu geeignet, das Ziel zu erreichen."

„Kannst du das Ganze nicht einfacher sagen?", werden immer wieder die gefragt, denen gegenüber der Anfangsverdacht besteht, sie machten etwas unnötig kompliziert, sie kokettierten mit Geheimwissen oder mit der Anwendung von Fachsprache. Tsuchio Shirōtarō meint mit „einfach" jedenfalls: nicht die Last von Lehrsätzen. Was wären denn literarische Gattungen, die deutlich anders und leichter als schwere dogmatische Lehrsätze sind – und trotzdem und gerade so bei der Sache bleiben? Aus verschiedensten religiösen Überlieferungen fallen mir folgende Sprachmedien ein: Übungsanleitungen und spirituelle Ermunterungen, Gebete, Gleichnisse, Beispielgeschichten, Bildworte. Grundsätzlich hieße das: Wünschenswert sind Sprachformen, die mit *Vorstellungen* verbunden sind und bleiben, statt dass *Begriffe* und ihre systematisch strengen Zuordnungen schließlich die Vorherrschaft übernehmen.

Eine kritische Rückfrage kurz vor Schluss des Buches: Hat begrifflich reflexive Arbeit in der Kommentierung schließlich doch den Vorrang gewonnen? Wurde das Einfache oft doch komplizierter als nötig gemacht? Ich bin mir nicht sicher und überlasse das Urteil dem Leser und der Leserin. Jedenfalls war ich bemüht, die Schwingungsbreite der Texte eher zu vergrößern als systematisch einzuschränken. Wäre es an vielen Stellen aber doch komplizierter geworden, als es am Ausgangspunkt der Texte selber war, ließe sich das unter Umständen sogar rechtfertigen. Die Texte haben ihre Eigendynamik, ihr eigenes Leben und sollen es auch behalten. Aber all das, was sie ins Spiel bringen und wie sie Worte, Personen und Sachverhalte verknüpfen, ist Teil eines Netzwerkes, das Jahrhunderte und Jahrtausende zurück und über mehr als zehntausend Kilometer weit ostwärts reicht. Will man sie hier und heute in ihrer Lebendigkeit und „Einfachheit" verstehen, sie also mit der Gegenwart verknüpfen, muss man eine radikale Übersetzungsarbeit leisten. Dazu gehören bisweilen geschichtliche Zusatzinformationen, sprachliche Hinweise und hermeneutische Grundsatzreflexionen. Wenn derartige Arbeitsschritte nie kompliziert erscheinen, könnte eine Kommentierung in den Verdacht geraten, nicht einfach und leicht, sondern leichtfertig, simplifiziert und im schlimmsten Fall populistisch zu sein.

Soviel zu Tsuchio Shirōtarōs Anfrage in Bezug auf die Textsammlung selbst und ihre Kommentierung. Die Frage, die offen bleibt, lautet: Wo sind denn heute und hier – in Fernost wie in Nahwest – „einfache Worte" des Transzendierens und der Transzendenz zu finden, die nicht in Lehrgebäuden gefangen gesetzt, aber auch nicht ermäßigt oder gar populistisch und anbiedernd sind? Ist diese Suchfrage ernst gemeint, müsste daraus wohl ein neues Buchprojekt werden.

140 Einsame Compañeiros

Einsamkeit hat nichts damit zu tun, eine tiefe Abneigung für die Menschheit zu hegen. Und Menschen ohne jeden Grund zu fürchten, zeigt auch eine verzerrte Ansicht. Vielmehr liegt im Zentrum des Verlassens der Welt eine gründliche Ablehnung des Verlangens nach Ansehen und Reichtum. Wo alle Praktiker in ihrer Narrheit es schwierig finden, alleine zurechtzukommen, tust du wahrscheinlich gut daran, dich mit einem oder zwei anderen, die kein starkes Verlangen nach Ruhm und Besitztümern entwickeln, zusammenzutun. Wenn die Zahl aber steigt, werden mit Sicherheit Probleme auftreten.

ANONYM

Die Textsammlung schließt mit einem Grundwort religiöser Existenz ab: Einsamkeit. „Mönche" – in welcher Lebensform auch immer: eher weltlich, klösterlich oder in der eigenen Klause – sind erst einmal eine „Ein"heit bei und für sich. Das griechische Wort „monos" macht das unüberhörbar:

Jeder, der sich nichts vormacht oder vormachen lässt, ist in entscheidenden Situationen seines Lebens ein „Mönch", d.h., er ist „allein", ganz im eigenen Lebensgeschehen und unvertretbar. Und das gilt auch in und trotz der Gegenwart von anderen: in der Geburt und an der Todesgrenze, in Tests und Versuchungen aller Art: Jakob am Jabbok, Jesus in der Wüste und am Kreuz. Existenzielle Einsamkeit ist nicht von vornherein negativ und nicht mit Isolation zu verwechseln. Einsamkeit, sagt der Anonymus, ist auch nicht notwendig mit Menschenscheu, Platzangst oder gar Ekel vor anderen und schließlich vor sich selbst verbunden. Einsamkeit hat eine ganz andere Dynamik. Sie kommt so zustande, dass ich nicht mehr alle Spiele, die die anderen spielen, mitspiele. Klassisch geht es dabei um das Gerangel von Ansehen und Reichtum. Wer sich da verweigert oder auch nur heraushält, wird notgedrungen in gewisser Weise einsam.

Der Anonymus meint, in dieser Situation wäre es nicht schlecht, wenigstens ein oder zwei Gesinnungsgenossen zu finden (anders # 11). Denn in einer Welt, in der man sich schon in jedem Bewerbungsgespräch und bisweilen noch in der persönlichen Begegnung gekonnt und gut trainiert selbst darstellen muss und in dem die Gesetze des Kapitals und der Märkte so gut wie überall gelten, wäre eine Unterstützergruppe nicht schlecht. Die Gefahr der absoluten Kontaktsperre nach außen wäre geringer. Aber ein oder zwei solche Compañeiros zu haben, heißt noch lange nicht, eine religiöse Subkultur zu organisieren.

Also lenkt die Textsammlung am Schluss die Aufmerksamkeit auf die Einsamkeit im Alleinsein und auf eine Einsamkeit in bleibender Sozietät. Compañeiros – im wörtlichen Sinne – sind Menschen, mit denen ich das Brot (spanisch: *pañ*) teile: das tägliche Kornbrot und das Brot des Lebens.

Literaturhinweise

Achternbusch, Herbert: Das Gespenst. Filmbuch, Frankfurt a. M. 1983

Adorno, Theodor W. u. a.: Der autoritäre Charakter. Bd.1 / Bd. 2, Amsterdam 1968/1969

Bachtin, Michail: Literatur und Karneval. Zur Romantheorie und Lachkultur, München 1969

Barth, Hans-Martin / Minoura, Eryo / Pye, Michael (Hg.): Buddhismus und Christentum. Jodo Shinshu und Evangelische Theologie, Hamburg 2000

Barth, Hans-Martin / Kadowaki, Ken / Minoura, Eryo / Pye, Michael (Hg.): Buddhismus und Christentum vor der Herausforderung der Säkularisierung, Schenefeld 2004

Barth, Karl: Die Kirchliche Dogmatik, 1. Band, 2. Halbband, Zollikon-Zürich 5. Auflage 1960

Benn, Gottfried: Der Ptolemäer. Berliner Novelle, in: ders.: Gesammelte Werke Zweiter Band, Stuttgart 5. Auflage 1985, 205–257

Bernhardt, Reinhold / Schmidt-Leukel, Perry (Hg.): Multiple religiöse Identität: Aus verschiedenen religiösen Traditionen schöpfen, Zürich 2008

Blumenberg, Hans: Schiffbruch mit Zuschauer. Paradigma einer Daseinsmetapher, Frankfurt a. M. 1997

Collins, Steven: The body in Theravāda Buddhist monasticism, in: Coakley, Sarah (Hg.): Religion and the Body, Cambridge 1997, 185–204

Cox, Harvey: Das Fest der Narren, Stuttgart ²1970

Dan, Joseph: Die Kabbala. Eine kleine Einführung, Stuttgart 2007

Der Ochs und sein Hirte. Eine altchinesische Zen-Geschichte… übersetzt von Kôichi Tsujimura und Hartmut Buchner, Pfullingen 6. Auflage 1988

Dessi, Ugo: Ethics and Society in Contemporary Shin Buddhism, Münster 2007

Essen, Siegfried: Systemische Weltsicht und Bibliodrama. Szenisches Spiel und die Wirkung leiblichen Verstehens, Schenefeld ²2007

Franke, Edith / Pye, Michael (Hg.): Religionen Nebeneinander. Modelle religiöser Vielfalt in Ost- und Südostasien, Münster 2006

Freud, Sigmund: Das Unheimliche, in: ders.: Gesammelte Werke XII, London 1955, 229–268

Hellinger, Bert. Ordnungen der Liebe. Ein Kursbuch, Heidelberg ²1995

Herrigel, Eugen: Zen in der Kunst des Bogenschießens. Der Zen-Weg, Frankfurt a. M. ³2007

Hirota, Dennis: Ichigon Hōdan, Part I., in: The Eastern Buddhist N.S. Vol. IX, No. 2, Oct. 1976, 88–106. Part II. Vol. X, No. 1, May 1977, 92–110, Diese Übersetzung ist auch als Buch erschienen: Plain Words on the Pure Land Way. Sayings of the Wandering Monks of Medieval Japan. A Translation of Ichigon Hōdan by Dennis Hirota. Ryukoku University Kyoto 1989

Hori, Ichiro: On the Concept of *Hijiri* (Holy-Man), in: Numen Vol. V, Fasc. 2, April 1958, 128–160; Fasc. 3, September 1958, 199–232

Inagaki, Hisao: The Three Pure Land Sutras, Kyoto 1994

Josuttis, Manfred: Der Weg in das Leben. Eine Einführung in den Gottesdienst auf verhaltenswissenschaftlicher Grundlage, (München 1991) Gütersloh ³2000

ders.: Die Einführung in das Leben. Pastoraltheologie zwischen Phänomenologie und Spiritualität, Gütersloh ²2004

ders.: Religion als Handwerk. Zur Handlungslogik spiritueller Methoden, Gütersloh 2002

Kafka, Franz: Die Erzählungen, Frankfurt a. M. 1961

Kahlau, Heinz: Du. Liebesgedichte, 1954–1979, Berlin / Weimar 8. Auflage 1983

Kast, Verena: Freude Inspiration Hoffnung, Olten / Freiburg im Breisgau ²1991

Kierkegaard, Sören: „Der Einzelne". Zwei „Noten" betreffs meiner Wirksamkeit als Schriftsteller, in: ders.: Die Schriften über sich selbst, Düsseldorf / Köln 1951, 96–120

Kleine, Christoph: Hermits and Ascetics in Ancient Japan: The Concept of *Hijiri* Reconsidered, in: Japanese Religions (1997) Vol. 22 (2), 1–46

Kleist, Heinrich von: Erzählungen (dtv-Gesamtausgabe Bd. 4), München [3]1968

Kolakowski, Leszek: Geist und Ungeist christlicher Traditionen, Stuttgart 1971

Kotler, Arnold (Hg.): Dalai Lama, Thich Nhat Hanh u.a.: Engaged Buddhist Reader. Ten Years of Engaged Buddhist Publishing, Berkeley 4. Auflage 1996

Küstenmacher, Werner Ticki / Seiwert, Lothar J.: Simplify your life. Einfacher und glücklicher leben, Frankfurt a. M. 13. Auflage 2006

Lessing, Gotthold Ephraim: Über das Streben nach Wahrheit, in: ders.: Kritik und Dramaturgie. Ausgewählte Prosa, Stuttgart 1957, 87

Moltmann, Jürgen: Gott in der Schöpfung. Ökologische Schöpfungslehre, München 1985

Neruda, Pablo: Liebesgedichte. Spanisch-deutsch, München 6. Auflage 1997

Okochi, Ryogo / Otte, Klaus: TAN-NI-SHO. Die Gunst des Reinen Landes, Bern 1979

Pascal, Blaise: Gedanken. Nach der endgültigen Ausgabe übertragen von Wolfgang Rüttenauer, Bremen 6. Auflage 1964

Plessner, Helmuth: Lachen und Weinen. Eine Untersuchung der Grenzen menschlichen Verhaltens, in: ders.: Gesammelte Schriften VII, Frankfurt a. M. 1982, 201–387

Rose, Lotte / Sturzenhecker, Benedikt (Hg.): „Erst kommt das Fressen…!“ Über Essen und Kochen in der sozialen Arbeit, Wiesbaden 2009

Schleiermacher, Friedrich Daniel Ernst: Über die Religion. Reden an die Gebildeten unter ihren Verächtern (1799) (verschiedenste Ausgaben) (zitiert nach der Originalpaginierung)

Schmid, Hans Heinrich: Altorientalische *Welt in der* alttestamentlichen *Theologie*, Zürich 1974
Schmid, Wilhelm: Philosophie der Lebenskunst. Eine Grundlegung, Frankfurt a. M. 1998
Schmidbauer: Die hilflosen Helfer, Reinbek 1977
Schumann, Hans Wolfgang: Handbuch Buddhismus. Die zentralen Lehren: Ursprung und Gegenwart, Kreuzlingen / München ²2008
Sloterdijik, Peter: Kritik der zynischen Vernunft, Frankfurt a. M. 1983

Tsunoda, Ryusaku / de Bary, Wm. Theodore / Keene, Donald (Hg.): Sources of the Japanese Tradition, New York 1958

Varga von Kibéd, Matthias: Ganz im Gegenteil, Heidelberg ³2002

Daehaeng Kunsunim
UMARMT VON MITGEFÜHL
Das Tausend Hände Sutra
Diederichs